U0126027

吴牧宸 著

杨绛传

先生的1911到2016

台海出版社

图书在版编目（CIP）数据

杨绛传 / 吴牧宸著 . -- 北京 ：台海出版社，
2022.8

ISBN 978-7-5168-3339-1

Ⅰ．①杨… Ⅱ．①吴… Ⅲ．①杨绛（1911-2016）—
传记 Ⅳ．① K825.6

中国版本图书馆 CIP 数据核字（2022）第 113254 号

杨绛传

著　者：吴牧宸		
出 版 人：蔡　旭	封面设计：末末美书	
责任编辑：曹任云	策划编辑：肖素均	

出版发行：台海出版社

地　　址：北京市东城区景山东街 20 号　　　邮政编码：100009

电　　话：010-64041652（发行，邮购）

传　　真：010-84045799（总编室）

网　　址：www.taimeng.org.cn/thcbs/default.htm

E - mail：thcbs@126.com

经　　销：全国各地新华书店

印　　刷：运河（唐山）印务有限公司

本书如有破损、缺页、装订错误，请与本社联系调换

开　　本：880 毫米 ×1230 毫米　　1/32

字　　数：146 千字　　　　　　　印　张：8

版　　次：2022 年 8 月第 1 版　　　印　次：2023 年 1 月第 1 次印刷

书　　号：ISBN 978-7-5168-3339-1

定　　价：49.00 元

读杨先生的故事时，情不自禁地喜欢她的父亲——杨荫杭。对祖国，他有少年人的热血和抱负；对妻子，他有身为丈夫的尊重和爱护；对子女，他有身为父亲的耐心和教导。

他的一生，或许没有显赫的成就，却培养出了心怀大爱、内心笃定、从容淡定的四姑娘杨绛。

写杨先生的时候，忍不住将她与同时期的民国才女们拿出来对比，林徽因、陆小曼、张爱玲……

美女和才女的一世，总是令人唏嘘不已。唯独杨绛，引得无数少女羡慕。

她有大女人的资本，却无大女人的跋扈；她是灶台里的烟火，却没有沾染世俗的尘屑；她有绝伦的才华，却从不刻意地卖弄；她身边追求者无数，却从不轻狂放浪。

　　她在父母尤其是父亲的教养下，从温室里一步步走进风雨飘摇的汪洋中。融化傲气的才子，扛起贫弱的小家庭，为维护爱人甘受屈辱，忍受孤独……

　　她历经人世的锻造，练就了一身的坚韧，在国家大义面前，坚守脚下的黄土地不离开；在失去至亲至爱后，坚守着"我们仨"的回忆，一步一步地勇往直前……

　　有才华的读者从杨绛的文字里挑词拣句，拼凑出她的一百岁感言："我们曾如此渴望命运的波澜，到最后才发现，人生最曼妙的风景，竟是内心的淡定与从容；我们曾如此期盼外界的认可，到最后才知道，世界是自己的，与他人毫无关系！"

　　她幸福过，痛苦过，最后踽踽独行十八年，仍能不改初心，手握一支笔杆，以笃定的内心，优雅地书写人生。

　　愿所有姑娘都能成为杨绛这般内心笃定的女子，愿所有父亲都能成为杨绛的父亲那样通达透彻的家长。

目录

第一章

山河涌动月如初

01 寒素人家

他们谈的话真多，过去的，当前的，有关自己的，有关亲戚朋友的，可笑的，可恨的，可气的……他们有时嘲笑，有时感慨，有时自我检讨，有时总结经验。两人一生中长河一般的对话，听起来好像阅读拉布吕耶尔的《人性与世态》。

"我正站在人生的边缘上，向后看看，也向前看看。向后看，我已经活了一辈子，人生一世，为的是什么呢？我要探索人生的价值。向前看呢，我再往前去，就什么都没有了吗？当然，我的躯体火化了，没有了，我的灵魂呢？灵魂也没有了吗？有人说，灵魂来处来，去处去。哪儿来的？又回哪儿去呢？说这话的，是意味着灵魂是上帝给的，死了又回到上帝那儿去。可是上帝存在吗？灵魂不死吗？"

这是杨绛在96岁高龄时，书写在《走到人生边上》中的疑惑。她从最凶狠而不可拒绝的时光里，一步一步地走到人生的边缘，明白了"人生最曼妙的风景，竟是内心的淡定与

—

从容"。

生命的厚重与奥妙，跨过历史的长河，也不过化为一句感悟：这一生，我们来过，便足矣。

1911年7月，清朝刚刚覆灭，杨绛急匆匆地踩着旧王朝的泥泞，来到了风雨飘摇的北京城。

那时，她还叫"杨季康"，父亲杨荫杭喜欢亲昵地唤她"阿季"。

有人说：我不羡慕杨绛的才华，我羡慕她有一个开明、通达的父亲。

杨绛面对文理分科的时候，一时拿不定主意，跑去问父亲杨荫杭："您觉得，我该学什么呢？"

杨荫杭没有以"爱"的名义指点"必须做什么""什么对你好"，他告诉女儿："没有什么该不该，你喜欢什么，就去学什么。你喜欢的，就是性之所近，就是自己最相宜的。"

后来，杨绛随着自己的心意，选择了与之相契合的文科，并在这条大道上，散播出沁人心脾的书香。

江南富庶，盛产名门望族。杨氏家族也幸而享得余荫。但同一方土地上，有如旭日朝生的名门，便也有日薄西山那般的望族。

杨荫杭就出生在一个日薄西山的书香门第里。

虽然家道中落，但得益于曾祖父与祖父都是精通文墨之人，他自幼便饱读诗书：经典励志的、塑造思想的、浪漫旖旎的……凡是可读的，都要找出来领略一番。

如此，读过的书，藏在他的气质里，印刻在他的思想里，最终表现在他的行动上。

1895年，清光绪二十一年，杨荫杭凭着勤学苦读，考入了清朝大臣盛宣怀等人为教育改革而创办的天津中西学堂。

这所学堂以中学为主，西学为辅，凡考入者均免一切学杂费用，学子们只管埋头苦读即可。但学校当时由外国人把持，学生伙食比较差。

少年正是长身体的时候，学生屡屡提出改善食堂伙食的要求，均被校方拒绝。

一名广东学子忍无可忍，带头抗议，岂料被校方开除学籍，其他人迫于威慑，全都噤若寒蝉。

杨荫杭虽未举旗抗议，但他看不惯校方以强权压人，愤而挺身执言："还有我！"

开除是在所难免的。

有人骂他傻，不识时务，不会收敛锋芒；有人赞他刚正，不畏强权，敢于仗义执言。

杨荫杭不理会闲言碎语，他转身考入了上海交通大学的前身——南洋公学。

1899年，他因成绩出类拔萃，被派往日本留学。

在那里，他受到孙中山、黄兴等人革命思潮的影响，与雷奋、杨廷栋加入励志会，从事反清活动。半年后，他们创办了《译书汇编》——这是留日学生自办的第一本杂志，译载了卢梭的《民约论》、孟德斯鸠的《万法精理》、穆勒的《自由原论》等，大量销往上海、苏州等地，旨在介绍新思想，输入新文明，洗涤被封建帝制禁锢了两千多年的中国心。

书籍是传播文明的利器，但这把利器还不够锋利，只划破了皮肤纹理，尚未触及血肉。想及此，杨荫杭利用暑假跑回无锡，创办励志学会，用振聋发聩的声音与慷慨的激情，试图唤醒被蒙蔽的国人。

1903年，他提倡学习理化和英语。为了增强说服力，他白日里宣扬"自由论"，夜里通宵苦学理化；为了以身作则，他无视封建礼教，不拜祖宗，不敬鬼神，还要拉着二妹、三妹一起入会学习。

两个妹妹受他影响，出入从不坐轿子，而是步行上学，以开风气之先。其中尤以三妹杨荫瑜为甚，后来去日本留学时，她选择了东京女子高等师范的理化博物科，再后来成为中国近代史上第一位女性大学校长。

功夫不负有心人，几年里，觉醒的青年不断增多，革命的薪火越烧越旺，很多人甚至加入到辛亥革命的浪潮中去。

杨荫杭过于"肆无忌惮"的作风，很快被清廷盯上。一纸通缉文告让家里慌了神。

首当其冲的就是他的妻子——唐须嫈。

唐家经商，唐须嫈自小便有家庭教师开蒙，少时又考入了上海著名的务本女中读书，她与丈夫的妹妹杨荫瑜是同学。

她本也是可以在那个时代画下浓墨重彩的一笔的高知女性，只可惜她生性温柔闲适，不喜在外走动。

她与杨荫杭于1898年成婚，婚后便留于家中，相夫教子。

杨荫杭的刚正无畏，遇上唐须嫈的善解人意，虽然是旧时的包办婚姻，却意外地和谐美满。

他们不吵架。不吵架的夫妻也常有，不过有人是把委屈藏在心里，而后在某一个时刻突然爆发。

他们不一样。他们不是熟悉的陌生人，反而彼此欣赏，理解，懂得。

唐须嫈懂得杨荫杭的雄心抱负，即使怀着身孕，也支持他千山万水去求学；杨荫杭体恤唐须嫈的温柔贤惠，路过珠宝店，不忘送妻子一副珍珠耳环。

"门当户对"的婚姻，三观相合，有话可说。

杨绛在《回忆我的父亲》中写道："他们谈的话真多，过去的，当前的，有关自己的，有关亲戚朋友的，可笑的，可恨的，可气的……他们有时嘲笑，有时感慨，有时自我检讨，有时总结经验。两人一生中长河一般的对话，听起来好像阅读拉布吕耶尔的《人性与世态》。"

所以，当唐须嫈得知杨荫杭被通缉时，震惊，悲痛，不平，可想而知。

但纵然百般情绪涌上心头，唐须嫈也很快镇定下来，一大家子坐在一起商议对策。束手就擒是绝不可能的，不如避一避，等风头过后再回来。

唐须嫈跑回娘家，鼓足勇气，借来了一笔钱，足以供杨荫杭出国留学。

1906年9月，杨荫杭再度踏入早稻田大学研究科，攻读法律专业，毕业后，又辗转去了美国的宾夕法尼亚大学。

当杨荫杭留日时思想中的"革命"与留美时思想中的"改良"发生碰撞时，无所适从是必然的。

留美学子同情革命，倡导改良，杨荫杭的思想在与新知识交互的过程中，不断发生着变化。他开始研究西方民主法治，期望以此打开一条救国救民的新道路。

谁年轻的时候，不是凭着满腔热血，一腔孤勇，说走就走？等终于发现不再年轻的时候，热血已被时光熬煮成了一块豆腐，轻轻一碰，便碎成沫。

人是最能感知到时间流逝的动物，从宾夕法尼亚大学毕业时，杨荫杭已经32岁了。

都说长大是一瞬间的事。回国途中的杨荫杭，或许有过彷徨、疑惑、不解与不甘。但下船后，看到经年未见的妻儿，那些不确定，统统化为乌有。

在动乱的年代，好好活着，成了一件奢侈的事情，更何况要照顾好一大家子，要做好一个父亲。

杨绛是杨荫杭留美回国后妻子怀孕生下的第一个孩子，每当她哭闹着不肯入睡时，杨荫杭就会把她抱在怀里，哼着小曲儿哄她入睡。

在轻声软语的呢喃里，杨荫杭那颗沸腾的心终究平静了下来。不是妥协，不是认输，而是将理想藏于心间，等待花开。

02　杨氏家风

爸爸从不训示我们如何做，我是通过他的行动，体会到"富贵不能淫，贫贱不能移，威武不能屈"古训的真正意义的。

世间人千万，有温柔的，有活泼的，有刻薄的，有冷漠的。可是有一种人，她本娇弱，怕蜘蛛，怕蟑螂，怕老鼠，拧不开瓶盖……却在做了母亲之后，就什么都不怕了，什么都会了。

杨荫杭在外奔波、养家糊口的日子里，唐须嫈并没有养尊处优享受"富家太太"的生活。

家里虽有女佣使唤，但唐须嫈仍然里里外外操劳忙碌着，将这个家打理得井井有条。她孝顺，同婆婆在一个屋檐下生活了四十多年，从未发生过口角，婆婆临终时，爱怜地说她是"睡熟在铲刀上的"；她淳朴，用缝纫机亲手给一大家子做衣裤；她宽容，两个姑子出嫁后，均与夫家断绝往来，搬回娘家来住，她将两个姑子照顾得妥妥帖帖……

做了母亲后，唐须嫈越发敏感。她总能在第一时间捕捉到儿女的情绪波动。

杨绛八岁半时，因为"启明教学好，管束严，能为学生打好中文、外文基础"，父亲准许她跟随姐姐们一起去上学，但是路途遥远，要到暑假才能回家。

唐须嫈心疼杨绛年纪小，想留她在身边教养，但杨绛不愿意。

在此前一年，杨绛因为举家搬迁，从新潮的北京女子师大附属小学转入无锡沙巷口的大王庙小学。

她说："我从女师大附小转入大王庙小学，就像姐姐穿着新型的服装走在无锡的小巷里一样。"

那时候，北京的一切都是"新"的。成年的女学生梳短头，穿黑裙子，小女孩梳一条或两条辫子、穿裤子。连十二三岁的小学生也有专属的新服装——她们穿蓝色短裙，梳一条辫子，心思灵巧的女孩子，还会在辫梢上系个白绸子的蝴蝶结。

可是到了无锡，"路上老老少少的妇女见了短裙子无不骇怪"。她们操着乡音，毫不客气地呼邻唤友："快来看哦！梳着辫子束着裙子哦！"

杨绛老了后，也不曾忘记冻红的鼻尖上总挂着一滴清水鼻涕的校长，和总是挥着一条教鞭，专往学生脑袋上打，光葫芦瓢似的"孙光头"。

大王庙的女孩子很"旧"，她们把隔窗映在墙上的树影当成鬼，风一吹，树影张牙舞爪地扑过去，吓得她们作鸟兽散。

"见过世面"的杨绛自是不信，她非但不跑，还走到墙根下，故意踢上两脚。

可没人信。

八岁的杨绛还不了树影的清白。

那时候的杨绛不太合群，她说"我有一两个十岁左右的朋友，并不很要好"。

小孩最喜欢"拉帮结派"，杨绛班里有个"大姐头"，总是像审判长似的，处理女生之间的纠纷，久而久之，很多小女生会送小礼物讨好她。

杨绛认为无趣极了。

所以，大抵杨绛是不喜欢那所不知道是由供奉什么大王的庙宇改成的小学吧。后来她入了启明女校后，"心里不断地向大王庙小学里的女伴们卖弄：'我们的一间英文课堂（习外语学生的自修室）比整个大王庙小学还大！我们教室前的长走廊好长啊，从东头到西头要经过十几间教室呢！长廊是花瓷砖铺成的。长廊下面是个大花园。教室后面有好大一片空地，有大树，有草地，环抱着这片空地，还有一条很宽的长走廊，直通到"雨中操场"。空地上还有秋千架，还有跷跷板……我们白天在楼下上课，晚上在楼上睡觉，二层楼上还有三层……'"。

很少有父母会尊重孩子的意见，但唐须嫈做到了。

她见杨绛埋头不说话，便让她再想想，晚饭后再告诉她。

沉默，是最直观的答案。唐须嫈看得懂小杨绛的回答，于是转身就为她准备好了一只小箱子。

晚饭后，妈妈招招手，喊她过去："来，阿季，你的箱子有了，过来拿吧。"

小杨绛才八岁，妈妈自然舍不得，把箱子递给杨绛的时候，她又问了一遍："你打定主意了？"

杨绛点点头："打定了。"

妈妈的手紧紧地攥着："你是愿意去？"

"嗯，我愿意去。"

在"忘记"了点洋油灯的夜里，杨绛的眼泪像忘记关的水龙头，糊得满脸都是。从前只会哇哇大哭的杨绛忽然懂事了，眼泪悄悄地流，不想让妈妈看到。

可或许那天夜里，妈妈也有些东西不想让小杨绛看到吧。

杨荫杭刚正不阿，是法律界的"疯骑士"。

1913年，他任职浙江省高等审判厅长时，当地一个与本省督军有裙带关系的恶霸仗势杀人，案件经他审理后，恶霸被判处死刑。省长屈映光出面说情不成，以权势压人。

杨荫杭不畏强权，八个字吐得掷地有声："杀人偿命，不能宽宥！"

不仅如此，交通部总长许世英贪污受贿被揭发，杨荫杭在证据确凿后，将许世英逮捕。

哪怕被停职，他也毫不退让。

"爸爸从不训示我们如何做，我是通过他的行动，体会到'富贵不能淫，贫贱不能移，威武不能屈'古训的真正意义的。"

这样的父亲，应该是个厉害的人物。

小杨绛一脸崇拜地问爸爸："爸爸，你小时候是怎么样的？"

杨荫杭说："就和普通孩子一样。"

如普通孩子一般的杨荫杭，也有可爱的一面。

杨绛四五岁的时候，家里来了客人——胡适的老师——杨景苏。爸爸急急地跑向客厅，看到小杨绛时，抱起她说："我带你到客厅去见个客人，你对他行个鞠躬礼，叫一声'太先生'。"

见到杨景苏后，爸爸将她放下地，小杨绛就端端正正地行了个鞠躬礼，脆脆地叫了声"太先生"。

后来，杨荫杭立的规矩也多了起来。

他不让孩子们出去见自己的客人。在《申报》做记者时，他的同事——"猢狲精"来了，大家都很好奇"猢狲精"是什么模样的妖精，便哄小妹妹阿必到爸爸的书房外偷看。

阿必很快跑了回来，一群大孩子围着她问："怎么样？是三头六臂？还是人身猴尾？"

阿必失望地说："他只是一位客人，连尾巴都没有。"

杨荫杭和唐须嫈总有说不完的话。远到两人学生时代的旧事，近到生活中的一些怨怼，因为从不提名道姓而用诨名代替，所以也不背着几个孩子。

于是除了"猢狲精"，杨绛还知道止旗的"刘麻子"，还有总把"书"字读成"须"的胖子等。

但是，听归听，"大人说话呢，小孩子是不能插嘴的"。

杨荫杭还有自己的小倔强。

因许世英一案多方受阻，杨荫杭一气之下辞了职，举家迁回无锡。

"火车站上为我父亲送行的有一大堆人——不是一大堆，是一大片人，谁也没有那么多人送行，我觉得自己的父亲与众不同，很有自豪感。"

这场盛大的送别，很快冲散了杨绛突然要"回乡"的怅然。

挤在逼仄的车座里，伸手接过亲戚送上的一蒲包很甜的玫瑰香，虽还年少不懂事，但这挥手送行的场景，让杨绛意识到爸爸在此之前的种种行事，是值得效仿的。

火车上，万能的母亲晕车呕吐，柔弱得叫人生怜。爸爸却从容、镇定多了。他将一大家子安排得明明白白，下了火车上轮船，下了轮船再上拖船，晚上一大家人挤在一张木板搭成的"床"上，三姐嚷嚷："我的脚往哪儿垂呀？"爸爸幽默地笑她："好讲究！脚还得往下垂吗？"

1919年的秋天，杨绛不觉得有什么特别。或许是年岁尚小，未体味得到时局的动荡；也或许是伟岸的父亲，将一切艰难困苦抵挡在了自己的羽翼之外。

到达无锡后，他们一时找不到合适的房子，只能凑合着住下。

可能是着急房子的问题，也可能是换地的问题，不久，杨荫杭病倒了，高烧不退，神智都昏迷了。

杨荫杭受西方思想影响，崇尚西医。哪怕迷迷糊糊，也嚷嚷着去找西医来诊治。

可无锡只有一个西医，还是个外国人。每次来抽一点血，拿一点大便，因为没有仪器，还要送到上海去化验，至于化验结果，则要等上一个星期那么久。

这么一来一回，杨荫杭的病变得更严重了，看到唐须嫈提了玻璃溺壶出去，居然说："瞧瞧，她算做了女官了，提着一口印上任去了。"

又过了些时日，杨荫杭的胡话渐渐变成鬼话，气若游丝地说满床都是鬼。

唐须嫈吓坏了，再也不顾他的阻拦，忙差人请了一位有名的中医。中医来了，摸着脉，过了一会儿就下了结论——伤寒。

唐须嫈哭着恳求中医救命，可是在那个能被伤寒杀死的时代，中医摇摇头拒绝了。

很多时候，面临绝境，到底是坚持还是放弃，一念之间，便能改写一个人的命运。假如父亲一病不起，杨绛，连同母亲和姐妹、弟弟都将是另一番光景。

幸而有唐须嫈的坚持和不放弃。杨荫杭的老友华实甫也是一位有名的中医，唐须嫈拉着他，求他开药救命，哪怕"死马当活马医"，总也能有点盼头。

那是最危急的一夜，唐须嫈给杨荫杭喂过药之后，一步不离地守在病床前，紧紧地攥着他的手，一面流泪，一面唤着他说了很多很多的话——从前的，以后的。

或许是因为药石的作用，或许是因为唐须嫈的日夜护理，也或许是因为杨荫杭并不甘心就此离去，他终于挣扎着挺了过来。

他确确实实用行动告诉了杨绛，你是什么样的人，便会遇到什么样的人；你想让孩子成为什么样的人，你便去做什么样的人。

03 书香门第

爸爸说话入情入理，出口成章，《申报》评论一篇接一篇，浩气冲天，掷地有声。我佩服又好奇，请教秘诀，爸爸说："哪有什么秘诀？多读书，读好书罢了。"

杨绛曾说："我自己也贪玩，有时候，在课堂上玩那种吹小绒球的游戏，玩着玩着笑出声来，先生发现了，盯着我问课文的内容，问一句，答一句，还都不错。"

有一次上英文课，杨绛和同学在课堂上说话，老师罚她"立壁角"——在墙角处站着示众。

《小猪佩奇》里有一集讲，猪妈妈小时候也很淘气，喜欢在床上跳来跳去，猪奶奶说，所有的小孩都淘气。

童年时的杨绛也是，二姑母曾经告诉她，她的爸爸小时候也是一个顽童。

"小哥哥（杨荫杭）捉了一只蛤蟆，对它喷水念咒，把它扣在空花盆底下，叫它土遁；过了一星期，记起了那只蛤蟆，翻开花盆一看，蛤蟆还没死，饿成了皮包骨头。"

当然，顽童也有开窍的时候。杨荫杭得益于祖父和父亲的严格教育，等到了自己做父亲的时候，在严厉之外，更多的是以身作则，言传身教。

因为改变一个人，不如身体力行地影响一个人。

有趣的是，最先受影响的，竟是他的枕边人。

唐须嫈掌管着家里大大小小的事务，像个车轱辘似的停不下来。偶尔得了闲，也是手边娴熟地做着针线活，眼睛却盯着一卷《缀白裘》边看边笑。

杨荫杭担心她看坏了眼，特意去书摊翻翻拣拣，专挑大字号的书买给她消遣。

她最喜欢的睡前读物是《石头记》和《聊斋志异》，看得多了，哪个作者是什么样的风格，她也摸透了。

不过，比起母亲，小时候的杨绛更喜欢亲近父亲。

"每晨早饭后，我给父亲泡一碗酽酽的盖碗茶。父亲饭后吃水果，我专司削皮；吃风干栗子、山核桃等干果，我专司剥壳。"

或许就是这样不经意间的贴心与陪伴，让杨绛对父亲更加亲近。

每晚临睡前，父亲朗声读诗的时候，杨绛常常待在他身边，看着他读诗的模样。

杨荫杭尤其偏爱杜甫的诗。每每读完一遍，觉得不尽兴，又回过头再体味一遍。

这时候，他总还要对旁边的杨绛说上一声："我又从头到底读了一遍。"

至于咂摸出了什么情感或道理，他不说，终究那是他自己的感悟，不是杨绛的。

杨绛有她自己的想法。

父亲钻研音韵学的时候，常把各时代的韵书一字字推敲，杨绛见了，就取笑爸爸："爸爸读一个字儿、一个字儿的书。"

志趣相投之外，父女俩偶尔也凑在一起讲悄悄话。

有一次，爸爸神神秘秘地告诉她："你知道吗？谁都作诗！连××（他们家不会作诗的亲戚）都在作诗呢！"

爸爸俨然将她当成了一个小书友。

耳濡目染之下，杨绛也越来越喜欢读书。

至于读什么，杨荫杭从不干涉。

在"启明"上学的时候，因为和大姐姐一起，杨绛便总翻她的书来看。"有一本很厚的新书，读起来很有趣，只是书里的名字很奇怪，等囫囵吞枣地读了大半本的时候，被大姐姐发现了，新书却已被看得肚皮都凸出来了。"

杨绛后来才知道，那是《旧约全书》的中译本。

她也读过《水浒传》，但读到"林教头刺配沧州道"的时候，就读不下去了。

唐须嫈问："怎么不读了？"

杨绛苦着脸说："我气死了。"

杨荫杭听了，把书收走，塞了一本《三国演义》给她，还一本正经地说道："小孩子是要气的。"

纵然杨绛读《三国演义》，读了一肚子错别字，闹了好多笑话，但父亲认为，读书如饮食一般，不妨读得杂一点，营养均衡了，思想的深度便有了。

晚年的杨绛对读书有相似的解读："我觉得读书好比串门儿——'隐身'的串门儿……经常在书里'串门儿'，至少可以脱去几分愚昧，多长几个心眼儿吧？……

"我们没有如来的慧眼，把人世间几千年积累的智慧一览无余，只好时刻记住庄子'生也有涯而知也无涯'的名言。我们只是朝生暮死的虫豸，钻入书中世界，这边爬爬，那边停停，有时遇到心仪的人，听到惬意的话，或者对心上悬挂的问题偶有所得，就好比开了心窍，乐以忘言。"

开了心窍的杨绛越发独立自强，这与杨荫杭对她的殷殷期盼正好相合。

杨荫杭明明白白地说过："我的子女没有遗产，我只教育他们能够自立。"

他从书中看到鼓励孩子赚钱的方式，于是在自己孩子身上实验。

正好那段时间他们搬入新居，阴湿的院子里、砖头下，爬满了密密麻麻的鼻涕虫和蜘蛛。

杨荫杭规定：鼻涕虫一个铜板一个，小蜘蛛一个铜板三个，大蜘蛛三个铜板一个。

杨绛的弟弟妹妹，连同因病休学在家的三姐都乐此不疲地"赚钱"。

唐须嫈看了直摇头："不好了，你把'老小'教育得唯利是图了。"

杨荫杭叹息一声："世界上的好东西多着呢……"

好的东西，人人都想要。想装进兜里，必然要付出等价的努力。但好的东西那么多，怎么装得下呢？

所以杨绛理解到："天下的好东西多着呢，你能样样都有吗？"

自然是不可能的。

小时候家里人多，总是热热闹闹的。后来日渐长大，大姐姐工作了，不常回家；长相最好的三姐姐结婚也最早，嫁到上海定居了；而弟弟妹妹和杨绛的年龄相差太大，渐渐地，家里也就没有从前那么热闹了。

好在杨绛也已经不贪玩，而贪看书了。

一日，杨绛抱着本书在看，杨荫杭见了，问她："阿季，三天不让你看书，你会怎么样？"

杨绛抬头说："不好过。"

杨荫杭又问："一星期不让你看书呢？"

杨绛答："一星期都白活了。"

"我也这样。"

杨荫杭说完便笑了。

那一瞬间，杨绛觉得自己仿佛从女儿变成了父亲的朋友。

忽然之间就懂得了，读书不是为了追名逐利，只是为了更加清楚地认识自己。

毕竟，剖析别人简单，拆解自己很难。

这个道理，父亲比杨绛明白得早。

杨绛十六岁的时候，北伐虽已胜利，但并未能遏制革命阵营的危机，学生们常常要游行、开群众大会。

杨绛脸皮薄，怕自己身板儿娇小，上街宣传被嘲笑，想以"家里不赞成"为由不去游行。

杨荫杭说："你不肯，就别去，不用借爸爸来挡。"

杨绛很为难："不行啊，少数得服从多数。"

杨荫杭不为所动："该服从的就服从。你有理，也可以说，去不去在你。"

为此，杨荫杭讲了个自己因被登报联名拥戴"辫帅"张勋，而立即在报上登了条澄清声明的事情。

附庸是再简单不过的一件事，难的是遵从本心，勇敢地站出来，坚持做自己。

杨荫杭从来都是知世故而不世故的人，他告诉杨绛，君子重器，唯"名与器不可以假人"。

杨绛似懂非懂，只得苦着脸告诉老师："我不赞成，我不去。"为此还被校长狠狠训斥了一番，后来因为有女生在外吃了亏，这件事才算终了。

见识过校长的"凶狠"，才明白父亲的难能可贵。

父亲不吼、不叫、不骂笨。杨绛十六岁的时候，还分不清平仄声，急坏了。可父亲说："不要紧，到时候自然会懂。"

果然，以后的某一天，杨绛突然就开了窍，全懂了。

很多年后，等杨绛也有了孩子——钱瑗，她便也秉承父亲对自己的教育，从不训示孩子。

杨绛回忆时说："爸爸说话入情入理，出口成章，《申报》评论一篇接一篇，浩气冲天，掷地有声。我佩服又好奇，请教秘诀，爸爸说：'哪有什么秘诀？多读书，读好书罢了。'"

杨荫杭爱书，一往而情深。晚年的时候，唐须嫈已经去世。

"每日黄昏，他和朋友出去买点旧书、古董或小玩意儿。每次买到好版子的旧书，总会自己把蜷曲或残破的书角补好，叫我用预的白丝线双线重订。"

杨荫杭的规矩很多，因爱整齐，重订的时候，双线只许平行，不许交叉，结子也不准外露。

那时候，于杨荫杭而言，书，成了他最亲近、最忠诚、最懂他的伴儿了。

第二章

跨山越海为君来

01　清华圆梦

　　最喜爱的学科并不就是最容易的。我在中学背熟的古文"天下一致而百虑，同归而殊途"还深印在脑里。我既不能当医生治病救人，又不配当政治家治国安民，我只能就自己性情所近的途径，尽我的一份力。

　　不是所有的理想与抱负，都能如愿以偿。

　　哪怕他曾为此翻过山、越过岭，忍受别离的苦痛、逃亡的孤寂……为此吃尽了苦头。到头来，得到的，却是一场浮云。

　　杨荫杭是热血少年，是有志青年，更是有责任心的父亲和丈夫。

　　面对嗷嗷待哺的一大家子，没能大义救国后，他选择了成为一名律师，填饱自己和家人的肚子。

　　他能游刃有余地化解兄妹间的遗产大战，怒斥三十来岁的大男人；也能自告奋勇地应对银行保险库失窃案，义务为被监守自盗的经理冤枉的管库老师傅辩护；更能才高行洁地推托高瑛私贩烟土出国的大案件，拒绝优厚的报酬……

利益冲突时，是最能考验人性的时刻。也许是见惯了人性的恶，杨荫杭不喜欢律师这个职业。所以，尽管他是个开明通达的父亲，但他反对女儿踏入律师这个行业。

虽然在当时，女律师很稀缺，但只有曾深陷其中的人才知道，律师，外表有多风光，内心就有多沧桑。

一个人要拥有多好的运气，才能遇见一个和谐幸福的家庭？一对父母要付出多少的气力，才能培养出满心阳光的女儿？

杨荫杭不想亲手打碎女儿的梦想。

可杨绛说，我想帮您。

她见过父亲忙起来的样子。递过来的状子很多，但书记员来不及抄，这时候，父亲往往会第一个记起杨绛。

父亲严谨，状子得工楷录写，而且不容许有半点差错。杨绛小时候经常捡父亲写秃的长锋羊毫去练字，但写出来的字依然入不得父亲的眼。

后来，钱锺书也"嫌弃"过她的字："锺书曾责我曰：'尔聪明灵活，何习字乃若此之笨滞？'"

钱锺书每天练字，无论是哪位书法大家的字体，都能很快地摹仿出来。杨绛见了艳羡不已，拉着钱锺书教她怎么执笔。钱锺书很认真地思考过后说："尔不问，我尚能写字，经尔此教，我并趋写字不能矣。"

事情往往就是这样，越是刻意，就越是做不好。

杨绛心里越紧张，写出的字越难看，错别字也越多。怕父亲责骂，于是她"把纸摘去不整不齐的一星星，背后再贴上不整不齐的一小块"，把这场小小的"事故"赖给状纸。

父亲火眼金睛，拿过状纸读罢，便戳破了这场"事故"的真相——它背后是个慌里慌张、不认真的姑娘的毛躁小故事。

父亲说："谁叫你抄错？"

杨绛也很懊恼，明明她已经小心小心再小心了，可这些"别字"太调皮，总能使出各种障眼法，逃过她的眼睛，而自己又太笨，到了爸爸面前，一下子显了形。

杨绛把笔一放，眼泪汪汪地委屈给他看。

女儿的眼泪，是能贯穿爸爸硬甲的长矛。

父亲叹口气，告诉她，以后交了卷儿，就躲到后园去，等他气消了再回来。

可杨绛每每都估算错误，在后园里踱上个半晌，不放心，又偷偷折回去，探着脑袋往屋里瞧，被余怒未消的父亲抓个正着。

被逮个正着的杨绛，噙着眼泪做贼心虚的模样，总能逗乐严肃的爸爸。爸爸叹息一声，朝她笑一笑。

杨绛看到爸爸笑了，眼里的担忧，伴着"咯咯"的笑声，化作眼泪，被风吹干。

后来有一次，父亲在出庭时忽然说不出话来。

律师，无不有着敏捷的才思与巧言能辩的口才。沉默，在法庭上会断送职业生涯。

不过，在此之前，他还有一个案件未了，本着善始善终的原则，他叫来杨绛帮忙写状子。

那是唯一一次，杨绛给父亲做助手。

父亲口述大意，杨绛书写成稿。

拿给父亲看的时候，以为父亲还会像往日那般发一发怒，她正准备往后园躲，父亲却招招手，一句斥责的话都没说，只动笔改了几个字。

从1906年到1919年，杨荫杭这个敢在会审公堂上和法官争辩的律师，走完了他的律师生涯，这条路开始时满腔热血，结束时干净利落。

他不需要女儿的传承，他说过，喜欢的，就是性之所近，就是自己最相宜的。

1914年，梁启超到清华大学以"君子"为主题进行了一场演讲，从此"自强不息，厚德载物"成为清华大学的校训并名扬天下。

杨绛慕名已久，也想上清华大学，正好她中学毕业那年清华大学开放招收女生，但遗憾的是杨绛居无锡，清华大学却不到南方招生。

遗憾，是生命里的常态，有时强求不得。

杨绛没法，转而就近考入了东吴大学。

东吴大学是中国第一所西制大学，是民国时期中国法学教育最强的两所学校之一。

杨绛在父亲的鼓励下，选了文科。可是东吴大学没有文学系，法预科不错，但父亲又不想她走自己的老路，于是杨绛改学了政治。

人就是如此矛盾，选了喜欢的，怕以后会辜负了这份喜欢；选了"合适"的，又不感兴趣。

杨绛对政治毫无兴趣，功课都是能敷衍便敷衍。但有一项——排球场上的英姿，成了她"吹嘘"的资本。

刚进东吴大学那会儿，杨绛凑数进了排球队。本以为只是在场上跑上个几圈便算尽了力，岂料第一次比赛，就赚足了眼球。

"我用尽力气，握着拳头击过一球"，没承想，此球颇具灵性，"……乘着一股子狂喊乱叫的声势，竟威力无穷，'砰'一下落地不起，我得了一分"。

那是至关重要的一分，是鼓舞士气的一球，虽然此后再没有过第二分，但当时全场的欢呼与掌声，热烈与激动，哪怕时隔几十年，杨绛也不曾忘却。

不能遗忘的还有常常泡在图书馆里的日子，那时候，随手拿起一本书，读完再换另一本。

总以为书读得越多，懂得也会越多，可真正博览群书后才发现，"最喜爱的学科并不就是最容易的。我在中学背熟的古文'天下一致而百虑，同归而殊途'还深印在脑里。我既不能当医生治病救人，又不配当政治家治国安民，我只能就自己性情所近的途径，尽我的一份力"。

于是课余的时候杨绛便自学法文。大姐姐是个好老师，但忙起来顾不上她，只好托好友给她介绍了一位比利时的洋夫人。

洋夫人住在杨绛艳羡的"临水人家"——"离葑门城楼不远，有一处，河水清湛，岸上几棵古老的垂杨树，长条蘸扶水面，水边有一块石凳，从这里沿着土阶上坡，有个小门，有堵粉墙。我从城墙高处，可望见墙内整齐的青竹篱笆和一座建筑犹新的瓦房。我每过这里，都驻足遥望，赞赏：'好个临水人家！'"

洋夫人的教学认真而滑稽，总是指着"椅子""茶杯""茶壶"等蹦出法文名词，却总被"才疏学浅"的杨绛看出她的张冠李戴，而且发音也不甚准确。

不过，洋夫人做派新奇，杨绛每次上门都会带上小礼物，洋夫人也会摆出茶点招待，让杨绛沉迷在别样的风味里。

后来，杨绛意识到"临水人家"充满诺言后，便再也不去"临水人家"了。

出外求学的日子里，杨绛时时念家。终于挨到了暑假，便像风一般冲回了家。

父女甫一见面，杨荫杭便献宝似的，把新近研究的大字典搬出来给女儿看——印地文的，缅甸文的，印尼文的。杨绛随手翻了翻，很是艰涩难懂。

她说："学这些天书太费脑筋了。"

父亲摇摇头，捧着一本大字典爱不释手："一点不费心。"

母亲永远是最懂父亲的，她在一旁解释："其实你爸爸自己觉得不费心，费了心自己也不知道。"

大概是因为热爱，所以在此过程中所耗费的一切心力都觉得理所应当。

许是受了父亲这份影响，杨绛为自己的幼稚无知感到惭愧，她说："一个人没有经验，没有学问，没有天才，也会有要好向上的心——尽管有志无成。"

杨绛虽然不喜欢政治，也深觉自己不是治国救民的那块料，但好在脑子好使，成绩还算不错。

1930年，杨绛的同学蒋恩钿得知她想学文的心思，力劝她转学到清华大学借读。

蒋恩钿是个运气极好的姑娘，1929年，清华大学首次到南方招收女学生，她正巧赶上。杨绛却因为勤奋好学，只用了五年便修完了六年的课程，提前一年从振华女中毕业，因此错过了清华大学的招录。看着昔日好友在自己曾经梦寐以求的学府里徜徉，杨绛羡慕极了。

杨绛动了心思，立刻着手报考清华大学。拿到准考证的那天，杨绛有多兴奋，弟弟杨宝昌因脑膜炎去世那天，她就有多心痛。

那天，是清华大学招生考试的日子。这一天，她失去了挚爱的弟弟，也失去了惦念已久的文学之梦。

人总是在一次又一次的失望中成长的，当年的杨荫杭是，此刻的杨绛也是。

那时候，出国留学是一种堪比"宝塔结顶"的社会风尚。杨绛大学三年级的时候，母校振华女中的校长帮她申请到了美国韦尔斯利女子大学的奖学金。

"父母之爱子，则为之计深远。"

父亲和母亲意见一致，他们告诉杨绛："你如果愿意去，可以去。"至于学费和路费，必然倾其所有，全力筹备。

深思熟虑后，懂事的杨绛不忍心给家里添负担，而且，她的老师们个个都是持有学位的留学生，一个洋学位也没什么了不起。与其去美国读政治学，还不如在较好的大学里攻读文学。

后来她解释："我当初选读文科，是有志遍读中外好小说，悟得创作小说的艺术，并助我写出好小说。"

1932年，东吴大学因为学潮，停了课。无学可上的杨绛急坏了，为了不耽误学业，杨绛那千回百转的清华梦再一次跃上心头。

好事总多磨，一心想上清华大学的杨绛，却因为好友孙令衔已经帮着大伙儿把去燕京大学借读的事情办妥了，只能随着孙令衔等人一同坐上了去南京的火车。这趟旅程很远，一如心里的那个清华梦。

到了南京，出了火车站，跟随着陌生的人流，杨绛走到长江边，拦了一条船，从长江的这一头，渡到那一头。下了船，如滚滚的长江水般，继续坐上开往北平的火车。

1932年2月27日夜晚，北平的火车站里，费孝通已经等候许久了。

最深情的告白，是陪伴。

1923年，振华女中转来了一个男孩子，老师领他到杨绛班里时，大家都惊奇不已。

有了好奇，便有了靠近。十二岁的杨绛也好奇过他是怎样的一个人。上课时频频张望，下课了就凑过去问长问短，带他一起玩游戏。

小时候的费孝通憨憨的，杨绛用树枝在沙地上画了个胖嘟嘟的孩子，画完后连连取笑他："这是谁？这是谁？"

费孝通看着眼前这个像"洋囡囡"的小姑娘，只会红着脸傻笑，一句会哄小姑娘开心的俏皮话都不会说。

久了，杨绛只觉这个同学也和其他同学一样，没有什么奇特之处。

殊不知，这个憨憨的男孩子早已把她看进了眼里，装进了心里。

俩人有幸进了同一所大学，还同在一个班里。此时的杨绛正当妙龄，爱读书的女孩子气质斐然，吸引了一众男孩子的目光，有胆大的跃跃欲试，结果还没摩拳擦掌，就被费孝通这只"拦路虎"吓退了："我跟杨季康是老同学，早就跟她认识，你们追她，得走我的门路。"

绯闻便是这样传出的，即使杨季康的追求者有"七十二人"之众，可她的男朋友是费孝通。

所以，他才会在那个交通不便的年代，连续三次从郊区赶往北平火车站，只为见一见藏在心上的那个人。

只是，再深情的一厢情愿，最终都会败给杨绛与他人的两情相悦。

02 钱氏锺书

二十岁不狂没志气，三十岁犹狂是无识妄人。

钱锺书生于动荡飘摇的清朝末年，钱氏家学渊远，属书香世家，纵使父亲钱基博博学多闻，也没能将骨子里"不孝有三，无后为大"的糟粕思想剔除掉。

比"有形"的辫子更可怕的是那"无形"的辫子。

钱锺书出生后，按照钱家的"坟上风水"——不旺长房旺小房；长房往往没有子息，便有，也没出息——他被生生从十月怀胎的母亲怀里"抢夺"去，送给只有一个女儿的伯父——钱基成。

他出生当天，有人送来一部《常州先哲丛书》，钱基成便为他取名"仰先"，字"哲良"；过继的当晚，钱基成连夜冒雨穿过泥泞的乡路，到一户农家，找了个刚没了遗腹子的寡妇做"姆妈"。

姆妈刚痛失爱子，将他视如己出，便一辈子留在了钱家帮佣。后来，他长大，遇到杨绛，姆妈得知他即将结婚的消息，特意取出攒了一辈子的钱，买了一只翡翠镶金戒指，准备送给杨绛做见面礼。

可惜姆妈纯良，被人欺骗，没了戒指，气得大病一场，不久便去世了。

满周岁时，行"抓周"仪式。他在一众抓周清单里，独独抓了本书出来，因此得名"锺书"。

钱基成人到中年，喜得贵子，甚为溺爱，所以钱锺书小时候喜欢亲近伯父。伯父上茶馆喝茶、听书，钱锺书就像个小尾巴似的黏在伯父身边。

钱基成也不是一味地娇惯。钱锺书四岁，到了该启蒙的年纪，钱基成开始教他认字，等到了六岁，便早早将他送入秦氏小学读书。

在学校里发生的趣事，放学回家钱锺书也要讲给伯父听。比如他们学造句，老师写出例子——"狗比猫大，牛比羊大"，有个同学想来想去，只会说"狗比狗大，狗比狗小"，挨骂自然是跑不了的了，还要遭受同学们的取笑。

钱锺书瘦瘦弱弱的，不如几个堂弟精壮。

上学不到半年，钱锺书生了一场病，看着更加羸弱。钱基成心疼他，干脆让他休了学。

生父钱基博看不惯，总认为男孩子皮实，不该留在家里娇生惯养。于是，休学了半年后，钱基成只能把钱锺书送到了亲戚家的私塾去念书，同去的还有小钱锺书半岁的堂弟——钱锺韩。

那一年，钱基成风里来，雨里去，上学送，放学接，来来回回，很不方便。就做主让两个孩子回家，自己亲自教授。

钱基博和弟弟一听，忙跳出来阻止。

钱基成却一句话回绝了："你们两兄弟都是我启蒙的，我还教不了他们？"

其实哪是怕教不了？只是恐"慈母多败儿"。

钱基成这位长兄，才学方面是毋庸置疑的。他早年中过秀才，本来高高兴兴地回家，没想到一进门就挨了老父亲一顿打，还说是杀杀他的锐气，锐气杀没了，慈气凸显了出来。

钱锺书的父亲钱基博最早是由家里一位文理好的族兄启蒙的。那位族兄施教严厉，钱基博没少挨打。钱基成这个做哥哥的心疼弟弟，找到老父亲苦苦相求，才获得了教授弟弟的资格。

只是他不知道，其实弟弟并不觉得委屈，反而好似被打通了"任督二脉"。后来钱基博对钱锺书说："不知怎么的，有一天忽然给打得豁然开通了。"

钱家是个大家族，钱基成为长兄，要料理一大家子，教学的任务往往安排在下午。

于是，上午钱基成带着钱锺书出街，自己去茶馆喝茶、会友，给钱锺书三个铜板，让他买个碗口大小的酥饼，再去书摊上租小说看——《说唐》《济公传》《七侠五义》等，都是伯父的书架里没有的"闲书"。

钱锺书看完了，仍觉不过瘾，回了家，还要把自己觉得精彩的桥段，手舞足蹈地表演给弟弟们看。

他记得关公的青龙偃月刀有八十二斤，李元霸的一对铁锤头有八百斤重，却都及不上孙行者重一万三千五百斤的金箍棒。

后来在牛津时，杨绛纳闷过："你能把各路英雄的趁手兵器的斤两记得如此烂熟，怎么会不认识阿拉伯数字？"

七岁的钱锺书，学起"1""2""3"来，颇为吃力。父亲心里着急，每每将他抓过去亲自教，可总也教不会，火气一上头，发了狠地拧肉，可是钱锺书不像他，哪怕身上青青紫紫，也没能"豁然开通"。

但玩起来却一学即会。伯父用绳子从高处挂下一团棉花，教钱锺书上、下、左、右打那团棉花，他玩得满头大汗也不停歇；伯父买来酒和酱猪舌之类的熟食，假意称它们是"龙肝凤髓"，他也吃得其乐无穷。

只可惜，这样简单的快乐，在钱锺书十一岁的时候，戛然而止。

那年秋天，伯父去世了。噩耗传来的时候，钱锺书才刚刚重返学堂。他一路哭着跑回家，哭喊着"伯伯、伯伯"，只是伯父再也听不见了。

再也不会有人陪他打"棉花拳"，练软功；再也不会有人在他把玉兰树根刨伤后包庇他；半夜醒来，再也不会有人陪他吃夜餐了。

从此，被雷雨惊醒的黑夜里，只剩下他一个人了。

伯父去世后，钱锺书回到父亲的身边。父亲劈头盖脸地数落他：功课荒废了，坏习惯太多，晚睡晚起，还贪吃贪玩，胡乱说话。

大概父亲对他寄予了太多厚望，比起伯父便少了些许慈爱。父亲希望他谨言慎行，便把字"哲良"改为了"默存"——叫他少说话的意思。

以至于后来，他和杨绛忆往昔时说："其实我喜欢'哲良'，又哲又良——我闭上眼睛，还能看到伯伯给我写在练习簿上的'哲良'。"

只是过去的，总是过去了。面对严厉、严肃的父亲，钱锺书跟他总不能像和伯父那样相处自在。

学期中间，要添新课本，他拿不出钱来，宁可没有书；买不起练习簿，就找出伯父生前亲手用毛边纸、纸捻子为他订成的本子书写，遭老师白眼也不在乎；笔尖撅断了头，他居然把毛竹筷削尖了头蘸着墨水写，字面一塌糊涂，不忍直视。

这些窘境，他后来讲给杨绛听的时候，杨绛问他："为什么不向父亲要钱？"

他说："从来没想到过。"

哪怕伯母提醒他，让他去向父亲要钱，他也从未开过口。

以至于在别人穿洋袜的时候，他还穿着缝缝补补的布袜子；下雨天，别人都穿着皮鞋防水，他却翻出伯父遗留的钉鞋，因为大了一大截，就只能在鞋头塞些纸团……

这种种委屈，偌大的钱家，竟无人可诉说，无人愿倾听。

伯母抽大烟，顾不上他；亲生母亲沉默寡言，说不着；至于父亲，目光全盯着他的学业。

钱锺书十四岁的时候，因为一篇文章不得父亲喜爱，被当众暴打了一顿。这激起了他的羞耻心，从此他发奋读书。

1927年开始，钱锺书为父亲代笔写信，先由口授而代写，后由代写信而代作文章；之后，钱穆的《国学概论》出版前，请钱基博作序，父亲就让他代笔，完成后，父亲一字未改。

《国学概论》出版的时候，没有一个人看出这篇序是出自刚满二十岁的钱锺书之手。

他终于从一个时常挨父亲"爆栗子"的顽童，成了父亲最得意的儿子。

1929年，钱锺书以英文满分，数学15分的成绩，被清华大学外文系破格录取，成为国学大师吴宓的得意门生。

甫一进校门，他便立下"横扫清华图书馆"的志向，一时间名震清华大学。

他说到做到，终日泡在图书馆里，博览中西新旧图书，看到动情处，还会即兴写下所思所感；他上课从不记笔记，总是看书、画画或练字，但每次考试都是第一名。

他年轻气盛，恃才傲物，说老师吴宓"太笨"，讲的课不怎么样："您讲的我都知道，希望您以后讲些新的东西。"

他为自己辩解："二十岁不狂没志气，三十岁犹狂是无识妄人。"

只是，在遇到杨绛的时候，他突然收起了所有的锋芒，腼腆而木讷。

03 一见倾心

初次见到他，只见他身着青布大褂，脚踏毛布底鞋，戴一副老式眼镜，满身儒雅气质。

母亲常取笑说："阿季脚上拴着月下老人的红丝呢，所以心心念念只想考清华。"

1932年，杨绛终于得偿所愿，走进了梦寐以求的清华园。

彼时，她和孙令衔一同到清华找人。分开前，俩人说好晚上再结伴一起回去。

原以为只是再平常不过的一天，杨绛绝想不到，孙令衔去见的表兄，会是将与她相依相守六十三载的钱锺书。

杨绛与中学同学蒋恩钿许久不见，有说不完的话，一时忘了时间，孙令衔便带着表兄一同前来找她。

"这是杨季康，这是钱锺书。"

恐怕孙令衔也从未想过，自己无心的一个举动，会促成一段令世人艳羡不已的金玉良缘。

钱锺书初见杨绛，便一眼心动："缬眼容光忆见初，蔷薇新瓣浸醍醐。不知腼洗儿时面，曾取红花和雪无。"

杨绛初见锺书，忽然就懂了"情不知所起，一往而深"的真谛："初次见到他，只见他身着青布大褂，脚踏毛布底鞋，戴一副老式眼镜，满身儒雅气质。"

张爱玲最会写爱情，她说："于千万人中，遇见你所遇见的人，于千万年之中，时间的无涯的荒野里，没有早一步，也没有晚一步，刚巧赶上了，那也没有别的话可说，唯有轻轻地问一声：'噢，你也在这里？'"

是的，在春天，在清华大学的古月堂前，在皎皎的月光里，在这个金风玉露的浪漫时节，他与她，遇见了。

缘分若只是遇见，还远远不够。

一同回燕京大学的路上，孙令衔兴致勃勃地向杨绛炫耀自己的表兄。

他絮絮叨叨地说着：表哥十七岁的时候，就能给大户人家写墓志铭；表哥写信从来不打草稿，提笔就写，一气呵成；表哥中文好，英文更好，别看他当年数学只考了15分，但是他总分在清华录取的一百七十四名男生里，位列第五十七名；表哥的未来老丈人还是刚刚离职的国民政府铁道部部长——叶恭绰。

对于叶恭绰的女儿叶崇范，杨绛也是有所耳闻的。

"这位叶小姐皮肤不白，相貌不错，生性很大胆淘气；食量大，半打奶油蛋糕她一顿吃完，半打花旗橙子，她也一顿吃光。所以绰号'饭桶'。"

那天，回去的路上，她想，"淘气的饭桶"和"戴老式眼镜的书生"是不相宜的。

孙令衔可不这么想。钱锺书和叶崇范可算青梅竹马，两家家世也相当，叶崇范的母亲——也是他的姑母，不止一次地说过，非常属意自家表哥，真正是"父母之命，媒妁之言"的典范。

杨绛便在这沸沸扬扬的耳闻中，从燕京大学转学到清华大学文学系来借读。

她也爱图书馆，许多年后，还专为它写过一篇文章《我爱清华图书馆》："我在许多学校上过学，最爱的是清华大学；清华大学里，最爱清华图书馆。"

课余总跑去占一个位子，往往能沉读小半天。不过几乎从未遇到过也钟情图书馆的钱锺书。

正当她以为那一次的相见只是偶遇时，她却收到了钱锺书的来信。

他请她到清华大学"工字厅"相见，有事要与她谈一谈。

　　她思忖良久，准时赴了约。

　　他最像父亲的一次，大概就是此时此刻。领杨绛进客厅后，他一本正经地坐在杨绛的对面，隔着一张大桌子，望着她，说："我要说清一个事实，孙令衔所说不实，我并未订婚。"

　　原来，不是所有的青梅竹马都能终成眷属。有时于人群中的惊鸿一瞥，就能一眼万年。

　　在《围城》里，钱锺书对唐晓芙出场的描写浓墨重彩，文字间满是偏爱："唐小姐妩媚端正的圆脸，有两个浅酒窝。天生着一般女人要花钱费时、调脂和粉来仿造的好脸色，新鲜得使人见了忘掉口渴而又觉嘴馋，仿佛是好水果。她眼睛并不顶大，可是灵活温柔，反衬得许多女人的大眼睛只像政治家讲的大话，大而无当。古典学者看她说笑时露出的好牙齿，会诧异为什么古今中外诗人，都甘心变成女人头插的钗，腰束的带，身体睡的席，甚至脚下践踏的鞋袜，可是从没想到化作她的牙刷。她头发没烫，眉毛不镊，口红也没有擦，似乎安心遵守天生的限止，不要弥补造化的缺陷。"

　　总而言之，唐小姐是摩登文明社会里的那桩稀罕物——一个真正的女孩子。

　　一个真正的女孩子，意味着纯粹的美好与令人神往。

所以，我不是来解释的，我是来爱你的。

杨绛冰雪通透，一点便明了。于是，也学着他的模样，回一句："我也并非费孝通的女朋友。"

爱情的开始，克制而腼腆。一封一封的英文信笺，投入清华园内的邮筒里，再由专人送到宿舍。

迫不及待地拆开，没有满篇的肉麻情话，有的只是发现了某本好书，推荐对方一定要去读一读。

约会的时候，虽然同为无锡人却不讲无锡话，因为还不够亲密。

等到彼此跨越最初的屏障后，他们也像所有的清华大学情侣一般，林中漫步，荷塘小憩。

恋爱的消息很快传遍整个清华园，杨绛的选修课老师温源宁得知后，翻出她因为缺课而交了白卷的英国文学——19世纪英国浪漫诗，觉得她配不上才子钱锺书："Pretty girl往往没有头脑，杨季康的考卷很糟糕，不及格的。"

爱情最是容不得旁人多言，而人本身不是冷冰冰的螺丝与螺母，哪有那么多的配与不配，合适与不合适，钱锺书自然没有听劝。

费孝通得知后，急赤白脸地跑去找杨绛："为什么找他？我觉得我更有资格做你的男朋友。"

然而，爱情从来不给人先来后到的机会，也从没有谈资论辈的规矩。找不出任何缘由，不是你，便真的不是。把爱给了他，就不会再给你。

哪怕是许多年后，钱锺书撒手人寰，老房子里只留下杨绛孤零零一个人的时候，费孝通步履蹒跚地爬上二楼，离去时，杨绛送他下楼，说的仍是："楼梯不好走，你以后莫要'知难而上'了。"

如果最长情的陪伴是费孝通，那么最果决的拒绝就是杨绛。

所以，面对费孝通的深情，杨绛的拒绝干脆利落，毫不拖泥带水，她说："若是两人的朋友之情是以交往为目的的话，那这友情不要也罢，就此绝交都行。"

爱情从不需要退路，既然爱了，便一往无前。哪怕他一天一封的鸿雁传书，逐渐养刁了她的心。在钱锺书放假回家后，苦苦等待书信的日子里，杨绛很直白地承认："我难受了好多时。"

等待最是煎熬，冷静下来后，她理智地分析，觉得自己这副模样不好，这分明是fall in love 了。

可是信终于来了的时候，她还是欢欢喜喜地读完一遍又一遍，再珍而重之地提笔回信。

好在思念是相通的。他为她写诗：缠绵悱恻好文章，粉恋香凄足断肠；答报情痴无别物，辛酸一把泪千行。依穰小妹剧关心，髻瓣多情一往深；别后经时无只字，居然惜墨抵兼金。良宵苦被睡相谩，猎猎风声测测寒；如此星辰如此月，与谁指点与谁看。困人节气奈何天，泥煞衾函梦不圆；苦雨泼寒宵似水，百虫声里怯孤眠。

爱到深处，会生出一种相见恨晚的遗憾，于是大费周章地寻找着早已遇见过的蛛丝马迹。

果然是有过渊源的。

那是1918年，杨绛七岁。入秋的某一天，父亲杨荫杭带着一大家子从北京回到无锡。定居的过程中，杨绛和父母去钱锺书居住的地方看过房子。

回忆时，杨绛告诉钱锺书："我记不起那次看见了什么样的房子，或遇见了什么人，只记得门口下车的地方很空旷，有两棵大树；很高的白粉墙，粉墙高处有一个个砌着镂空花的方窗洞。"

钱锺书迫不及待地补充："门前还有个大照墙，照墙后有一条河从门前流过。"

"世间所有的遇见，都是久别重逢。"这句情话固然令人欣喜，但人的一生中，能遇到一个让自己用尽全力去爱的人，已是一件幸事。所以，不必一一去佐证，真诚相待即可。

1933年秋天，钱锺书从清华大学毕业。在家的日子，俩人继续鸿雁传书，以解相思。一次，杨绛的回信到了，钱锺书不在，邮差便把信交给了他的父亲钱基博。

彼时，钱锺书还未将自己的恋情告知父亲。而在父亲眼里，儿子根本没有什么秘密可言，于是心安理得地拆了信。

杨绛在信中说："现在吾两人快乐无用，须两家父亲兄弟皆大欢喜，吾两人之快乐乃彻始终不受障碍。"

中国式婚姻，自古就不是两个人的事。女孩子总是心思细腻，爱得深，则想得多。

杨绛的担心不是空穴来风。钱锺书家里两个弟弟的婚事都是奉行"父母之命，媒妁之言"；钱基博又一向觉得钱锺书太过孩子气，不成熟，需要娶一房严厉的媳妇来管制他；而且早前钱家父母属意的儿媳妇人选也是世交叶恭绰的千金叶崇范。

令杨绛没想到的是，钱基博看完信后，并没有因为钱锺书"自由恋爱"而大发雷霆，反而在钱锺书面前对杨绛大加赞赏，称她这番话"真乃聪明人语"。

每个人所持的立场不同，看待问题的角度自然也不同。钱基博从书信里看出了杨绛的体贴和善良，尤能体恤双方父母，实在是做儿媳妇的最佳人选。

于是，他擅自去信一封，直言要将自己最得意的儿子托付给她。

有趣的是，杨绛用一封信，搞定了素未谋面的未来公公，然而钱锺书第一次见未来老丈人却生了"惧怕"的情绪。

杨绛笑称："我们兄弟姐妹也怕父亲，却也和父亲很亲。"她讲小时候的趣事给钱锺书听。她喜欢看书，父亲就把书放在她桌上，可如果长时间不读，再去看，那本书就会消失不见——这是父亲无言的批评。当然父亲买给她的书多半是诗词小说，都是她喜欢的。

后来，相处得久了，钱锺书告诉杨绛："爸爸是'望之俨然，即之也温'。"

能被父母祝福的恋爱关系，才算得上是真正的人生幸福。

于杨绛而言，正是如此。

很快，钱基博依照古礼，上门提亲，不久杨绛和钱锺书便订了婚。

04 春风十里

1932年7月，俩人尚未订婚。

杨绛领到了东吴大学的毕业文凭，并且因成绩优秀，获得金钥匙奖。这份奖励，鼓舞了杨绛和钱锺书的士气。

那年暑假过后，钱锺书即将升入大四，他劝说杨绛继续报考清华大学研究院，这样一来，两人又能同窗一年。

爱，热烈而奔放，情到浓时，渴望每天见到，哪怕多看一眼，也会庆幸自己赚到了。

况且，清华大学本就是杨绛的理想，只是理想与现实总是背道而驰。她高估了自己，清华大学本科四年的功课，饶是不眠不休，也绝不可能在一个暑假全部补上。

杨荫杭一直有个偏见，认为女孩子身体娇弱，不宜用功。他留学时的女同学个个短寿，都是用功过度，伤了身体的缘故。

钱锺书不赞成杨绛放弃清华大学，他们对此大抵是有过争吵的，只是杨绛受父亲的影响很深，面对难以实现的理想，与上海工部局华德路小学月薪120元，还有各种福利的工作，她最终选择了稳妥的教师职业。

"金饭碗"自然不好端。

打完伤寒疫苗后，杨绛突发荨麻疹。但那时已开学，她只能拖着病体去上课。她本以为小学教师是一件简单的工作，却没料到小孩子是最不可控的，她忘记了自己小时候也是个淘气的顽童。

初来乍到，要学习的东西非常烦琐，忙起来自然也是顾不得钱锺书了，再加上延误了病情，才一个多月，荨麻疹已经遍及全身。

好不容易挨到放假，甫一回家，满脸的红疹子吓坏了杨荫杭和唐须嫈。

杨荫杭当机立断将她留在家里养病，把"金饭碗"顺水推舟给了一位有资历的亲戚。

饶是曾经立志要"横扫清华图书馆"，读过无数先哲思想的钱锺书，在面对爱情这道题时，也束手无策。冷战的日子里，情到伤心处，他也只会作诗聊表伤心；而杨绛一面心伤，一面忍受病痛的折磨。

年轻气盛的少年人，谁也不愿先低头，仿佛谁先低了头，谁就先输了似的。但爱情要继续，总得有一个人先跨出那一步。

得知杨绛患病后，钱锺书再也按捺不住思念的心，立刻向前迈了一步——写了一封讲和信。杨绛本不是胡搅蛮缠的姑娘，立刻"就坡下驴"，与钱锺书重归于好了。

钱锺书是懂杨绛的，懂得她有一个屡屡失之交臂的清华梦，也愿意帮她实现她的梦。

没了工作的杨绛，想上清华大学的心，再次"蠢蠢欲动"。

钱锺书趁热打铁，亲自帮助她补习外文系功课。一个认真教，一个刻苦学，杨绛用了三个月，就勉强能将原版《茵梦湖》读下来。

时光从不辜负努力的人，1933年的秋天，杨绛再次走进了梦寐以求的清华园，不再是一年前的旁听生，而是以应届清华大学研究生的身份。

后来，她用尽了一生的力气感悟出："人的劣根性是顽强的。少年贪玩，青年迷恋爱情，壮年汲汲于成名成家，暮年自安于自欺欺人。人寿几何，顽铁能炼成的精金，能有多少？但不同程度的锻炼，必有不同程度的成绩；不同程度的纵欲放肆，必积下不同程度的顽劣。人皆可以为尧舜，也可以成为恶劣的刁徒或卑鄙的小人。"

这份成绩，杨绛是满意的；只不过，美中不足的是，她住进"静斋"——女生宿舍时，钱锺书已从清华大学本科毕业。

钱锺书从来都是一个有规划的人，毕业时，外文系教授希望他留在清华大学继续攻读，但狂如钱锺书，他说："整个清华，没有一个人够资格当钱某人的导师。"

他想考庚子赔款公费的留学生，去牛津大学的英文系。为取得考试资格，他必须要有两年的教书经历。于是，上海光华大学的聘书寄过来后，他立刻南下，以英语讲师的身份，站在了三尺讲台上。

从1933年到1935年，他们一个在北京，一个在上海，中间相距一千多公里。虽然聚少离多，但静待花开的日子里，也得到了许多美妙的惊喜。

杨绛的文学创作，始于文学大家——朱自清的赏识。朱自清上散文课，总让学生自己下笔练习，然后挑出好的文章，让学生在课堂上朗读。

杨绛听过许多同学的好习作，没想到有一天自己的文章《收脚印》不仅获得了朱自清的青睐，还被朱自清推荐给了《大公报·文艺副刊》发表。

手里捏着的五元钱，使她第一次体会到成为一名作家的荣耀。

钱锺书在清华大学时，很得叶公超的青睐。得知钱锺书的未婚妻也在清华大学读研究生后，他托赵萝蕤邀请杨绛到自己家吃饭。

杨绛心窍通透，猜想叶先生大概是想要认认钱锺书的未婚妻是怎样的人吧。

杨绛没选修过叶公超的课，但对他教学的严厉作风有所耳闻，幸而有赵萝蕤作陪。不过，到了叶家后，杨绛却发现叶公超很会招待人，一顿饭后，俩人相谈甚欢。

想必叶公超也是欣赏杨绛的才学的，之后，他专门拿了一篇要投给《新月》的英文稿，让杨绛翻译出来。

这是杨绛第一次接触翻译，她丝毫不敢怠慢，翻遍了字典，才算勉强交卷，却意外地获得了叶公超的认可，并如期在《新月》上刊登了。

杨绛不免想起父亲杨荫杭曾说过的：与其写空洞无物的文章，不如翻译些外国有价值的作品。

翻译大有可为。

如今，她有幸窥得了一角，让她未来所能抵达的远方更远。

当然，清华惯出良师，除了朱自清与叶公超外，起到开蒙作用的还有戏剧家王文显，后来杨绛在上海沦陷时，以写话剧为生，就是受了这位老师的影响；国学大师吴宓的"翻译术"，让杨绛在以后的翻译中更加挥洒自如。

春风十里的季节，没有抵挡得住思念泛潮的钱锺书，他买了上海到北京的火车票。等在清华大学门口的杨绛牵起他的手，带他游遍北京的名胜之地。

情到浓时，钱锺书作过一组《北游诗》，后来删得只剩下一首《玉泉山同绛》。

欲息人天籁，都沉车马音。

风铃呶忽语，午塔闲无阴。

久坐槛生暖，忘言意转深。

明朝即长路，惜取此时心。

那是最好的两年，杨绛不必为凡尘琐事打扰，只需尽情地挥洒兴趣：去上有趣的课，去读喜爱的书，去见想见的人。

1935年，钱锺书两年的教书期满，以第一名的成绩考取了英国牛津大学埃克赛特学院英文系公费留学生。

消息一出，钱锺书赶来找杨绛，告诉她，希望她能陪着自己一起去牛津求学。

异国的月亮虽还是天上的月，可是路途遥远，如若可能，谁又想遭受相思的苦？

杨绛是有顾虑的。她的学业尚未完成，是否就这样单枪匹马随他海角天涯？但一个人若是把你写进了他的未来里，心性柔软的女孩子很难抵挡得住这份深情。

况且杨绛体贴。她想到钱锺书大少爷当惯了，照顾不好自己，思量来思量去，最后决定，学业方面，只有一门功课需要大考，可以用论文代替；至于两个人的未来，可以先结婚，婚后再一同出国。

要结婚了。要走进另一个从未见过的世界了。她甚至来不及通知家里，立刻收拾了行李，跳上了通往苏州的火车。

"到家已是三点左右，我把行李撇在门口，如飞地冲入父亲屋里。"

父亲好似早已知道她要回来，忙"哦"了声，掀开帐子，走下床："可不是来了！"

原来父亲午睡的时候，迷迷糊糊间以为她回家了。探耳听了听，又没了声响，以为她跑去了母亲的屋里，急急地跑过去一看，阒无一人。

父亲絮絮叨叨地说着："我又想是阿季怕搅扰我午睡，躲到母亲做活儿的房间里去了。又跑过去，却只见你母亲一人在做活。"

迷糊的父亲问："阿季呢？"

母亲说："哪儿来的阿季？"

父亲疑惑："她不是回来了吗？"

母亲说："这会子怎么会回来？"

父亲无奈，又回去午睡，只是辗转来辗转去，睡不着。

这下见着了，他得意地说："真有心灵感应这回事。"

杨绛笑着回应父亲："一下火车，心已经飞回家来了。"

可是，有时候，回来，是为了郑重其事地告别。

人都说，女孩子最漂亮的时候，就是穿上美丽的婚纱，走在红毯上的那一刻。

可惜本该浪漫旖旎的婚礼，却因为当天的黄道吉日是一年里最热的日子，身穿黑色礼服的新郎官白色的硬领圈被汗水浸得又黄又软，全然没了庄严感。

婚礼后杨绛打趣道："我们的结婚照上，新人、伴娘、提花篮的女孩子、提纱的男孩子，一个个都像刚被警察拿获的扒手。"

不过，终于，他们结婚了，在1935年的夏天。

第三章

漂洋过海中国船

01 琴瑟相和

我原是父母生命中的女儿，只为我出嫁了，就成了钱锺书生命中的杨绛。

很久以后，杨绛谈起与钱锺书的这段婚姻时，说道："我原是父母生命中的女儿，只为我出嫁了，就成了钱锺书生命中的杨绛。"

每个女孩都曾是父母掌心的明珠，只因爱了一个人，就义无反顾地离开庇护了自己二十几年的家，扎进陌生的世界，从此琴瑟相和也好，风雨飘摇也罢，都只是与另一个人的故事了。

离别的钟声敲响，火车途径苏州时，停在月台旁，杨绛抑制不住的眼泪，像是一种预兆——"感觉到父母正在想我，而我不能跳下火车，跑回家去，再见他们一面。"——从此，她再也见不到顶着寒风，去为她翻找棉裤的母亲了。

钱锺书在《围城》里写道："旅行是最劳顿，最麻烦，叫人本相毕现的时候。"

到达英国之前，他们在远洋的邮轮上颠簸了三个星期，还遭遇了飓风。日日相对，最为"本相毕现"的一次，是两个人因一个法文"bon"的读音产生分歧。

杨绛指出："你的口音，乡音太重。"

钱锺书不服，杨绛也不认输。

年轻气盛的时候，脾气一上来，哪管谁是谁？你说我一句，我便要还你一句；你伤我一毫，我就要还你一分。

新婚夫妇不懂，有一种"架"，吵输了，不开心；吵赢了，也不开心。

好在冷静下来后，俩人都觉得吵架最是无聊，争来争去，也改变不了读音的规定。

他们约定："以后遇到事情，不妨各持异议，不必求同。"

互相尊重与包容的夫妻二人，终于在战战兢兢中，来到了充满未知的牛津。

初来乍到，满眼都是陌生的人，陌生的建筑，待久了，却发现牛津是个有人情味的地方。

若有信来，半路上遇到邮差，就会把信交给他们；小孩子们也很有礼貌地讨要邮票；戴着白手套的警察，傍晚时分，会挨家挨户提醒房主关好门窗；同学、师长也友善，常常请吃午后茶……

热情的同学不厌其烦地教杨绛和钱锺书怎么做茶：先把

茶壶温过，每人用满满一茶匙茶叶。你一匙，我一匙，他一匙，也给茶壶一满匙。四人喝茶用五匙茶叶，三人用四匙。开水可一次次加，茶总够浓。

牛津也是一个生活节奏缓慢的地方，它不吝啬等待，久了也不催促，人们不必快马加鞭，只管做好自己，慢慢融入即可。从牛津每年三个学期，每学期八周，第三个学期之后的暑假有三个月之久，考试不在学期末而在毕业之前，就可窥见其慵懒的特性。

因脱离了父母的庇护而变得小心翼翼的情绪，也因为钱锺书的"拙手笨脚"而烟消云散——初来牛津钱锺书就"吻"了牛津的地，磕掉大半个门牙。

在此之前，杨绛说："我只知道，他不会打蝴蝶结，分不清左脚右脚，拿筷子只会像小孩儿那样一把抓。我并不知道其他方面他是怎样的笨，怎样的拙。"

而今终于见识到了。当时，他一个人出门，坐的公共汽车，下车时还没来得及站稳，车就开走了，钱锺书脸朝地摔了一大跤。

爬起来用大手绢捂着嘴，不去找医生，倒跑回租住的寓所找杨绛。

鲜血浸染到手绢上，触目惊心。杨绛吓了一跳，急忙"抖开手绢，落下半枚断牙，满口鲜血，我急得不知怎样能把断牙续上"。

同寓所的医生见了，提醒她："赶快去找牙医。"

牙医给拔去断牙，又镶了假牙，花费不菲。

出门在外，一根螺丝钉也是开销。在此之前，杨绛是指望过钱锺书的公费能帮她圆梦的同时，再省下些生活费的。

那时候，钱锺书的入学手续已办妥，而杨绛想进女子学院的事，因为文学院名额已满，她又不想退而求其次去学历史，只得作罢。毕竟当年报考清华大学研究院，她也指望可以公费出国。

杨绛是有过不甘的。清华大学曾经派送出国的公费生中，有两人曾经是她在东吴大学时的同学，而且自己得过东吴大学的金钥匙奖，成绩并不输他们。

她知道牛津大学的学费贵，没想到还要另交导师费，再加上房租及伙食费，原本设想的留学生活，再遇上"磕掉门牙"这种意外之事，实在有点捉襟见肘了。

她不免担心自己也出了意外，该怎么办？出国前，父亲杨荫杭已经患了高血压，她害怕成为父母和钱锺书的负担。

思忖良久，杨绛不得已只好做一个旁听生，听几门课，再到大学图书馆自习。

原本是屡屡荣获奖学金的优秀生，现在却一个人穿着旗袍，和两三位修女一起坐在课堂侧面的旁听座上听课。放眼望去，满教室都是穿着特定学生装的学子——自费的男女学生，穿黑布背心；领奖学金的学生穿长袍。饶是坐在不起眼的角落，也显得格格不入。

这样大的落差，让杨绛的心里，时时爬满了自卑。

钱锺书嘴上说着她身在福中不知福，但为了安慰她，让她看前两届的论文题目，并把自己的必修课摆给她看——钱锺书最吃力的是和导师一对一的课。

杨绛看过后，觉得人生难免有不如意之事，一件事有两面性，有得必有失。

"我从没享受过这等自由。"的确，不是正式的学生，就没有功课，旁听以外的全部时间，都可以自由支配。

杨绛说："我在苏州上大学时，课余常在图书馆里寻寻觅觅，想走入文学领域而不得其门。考入清华后，又深感自己欠修许多文学课程，来不及补习。"

而今，牛津大学图书馆，这个英国第二大图书馆，世界上收藏书籍和手稿最多的图书馆之一，文学经典丰富，珍稀资源无数，她终于可以随心所欲地徜徉其中了。

她为自己制定了一份课程表，并严格遵照课表自习。

钱锺书上课的时间，她也走出寓所，走进图书馆，占一张临窗的桌子，从书架上取一本喜爱的书，从头到尾，细细地读。

下课后的钱锺书，则会抱着书本过来找她。在被钱锺书戏称为"饱蠹楼"的牛津大学图书馆里，杨绛发现："你做一遍笔记的时间，约莫是读这本书的一倍。"

钱锺书兴致勃勃地告诉杨绛："一本书，第二遍再读，总会发现读第一遍时会有很多疏忽。最精彩的句子，要读几遍之后才发现。"

在读书方面，杨绛当天读不完的书，会留在桌上，等第二天去了继续读；钱锺书却有个规矩，中文、英文笔记每天都看，一、三、五还要看法文、德文、意大利文笔记。

放假的日子里，其他同学以"行万里路"开阔眼界，钱锺书和杨绛则以"读万卷书"放眼乾坤。

钱锺书读书多，涉猎广，牛津大学图书馆的经典作品受时限所制——作品以18世纪为界，限于18世纪和18世纪以前。19、20世纪的经典和通俗图书，只有市图书馆才有。

所以，两个人也是一趟趟地跑市图书馆，看了又看，借了又还，还了又借，往往不到两个星期，就得来回跑上一趟。

不过，他们也并非不解风情之人。相反，他们每天都会出门走一走，像两个探险家，穿梭在这城市的大街小巷。

他们总是学以致用：看到各区不同类型的房子，于是猜想里面大概会住着什么样的人家；看着闹市人流中的各色人等，会配合从书上读到的人物，猜测各人的身份……

他们也和朋友聚会。文人之间，最喜欢玩文字游戏。

钱锺书打趣向达："外貌死的路，内心生的门。"

向达回钱锺书一句："人家口蜜腹剑，你却是口剑腹蜜。"

当然也有不尽如人意的时候，在褪去了最初的新奇之后——初来时住老金家，一间双人卧房兼起居室，外面是一座争奇斗艳的花园，每天推开窗，就能欣赏各种花的美；家务也不必亲自动手，老金的妻女会定时收拾；还有现成的一日四餐——忽然就觉得哪哪都不合适。住的地方环境是好，但卧房和起居室是同一间，如果有客人来访，实在很不方便。

于是免不了一顿埋怨："我虽然从来都不是啃分数的学生，但是我和你一样爱惜时间，好读书。每次你有客人上门，我就得放下书本，牺牲两三个小时，勉力做一个贤惠的妻子，完了你们吞云吐雾，熏得屋里一股烟臭味儿。"

被家乡养刁了的中国胃，也逐渐不习惯带着洋味儿的干酪、牛排。杨绛心疼钱锺书吃不好，总把自己那一份他愿意吃的省下来给他，结果两个人都吃不好，肉眼可见地一日日消瘦。

杨绛提议："我们出去重新租一套带家具的房子，伙食自理，想吃什么自己做。不能出门一趟，搞垮了身子。"

钱锺书怕麻烦："算了吧，老金家这间房子还算宽敞，左右不过两三年，忍忍就过去了。再说你又不会做饭，至少老金家的饭是现成的。"

杨绛赌气："像老金家这种伙食，我学一学，总能学会的。"

钱锺书不拦着，但也没兴致，让她一个人去折腾。杨绛就按照报纸上的广告，一个人东跑西跑，看了几套，不是看不上，就是离得太远不合适。

偶然有一次两个人出去"探险"，在附近看到了一则高级住宅区的招租广告，兴致勃勃地记下来，可是再去看的时候，广告又不知道被谁给撕了去。

杨绛不是个容易放弃的人，事后还略显骄傲地朝钱锺书讲述："我不死心，一人独自闯去，先准备好一套道歉的话，就大着胆子去敲门。"

人生有时候，就需要大胆一点，鼓足勇气的背后，或许会是一个奇妙的世界。

过完圣诞节，杨绛和钱锺书搬进了新居——一个只属于他们两个人的家。

02　赌书泼墨

从寓所到海德公园，又到托特纳姆路的旧书店；从动物园到植物园；从阔绰的西头到东头的贫民窟……

"房子在二楼。一间卧房，一间起居室，取暖用电炉。两间屋子前面有一个大阳台，是汽车房的房顶，下临大片草坪和花园。厨房很小，用电灶。浴室里有一套古老的盘旋水管，点燃一个小小的火，管内的水几经盘旋就变成热水流入一个小小的澡盆。这套房子是挖空心思从大房子里分隔出来的，由一座室外楼梯下达花园，另有小门出入。我问明租赁的各项条件，第二天就带了锺书同去看房。

"那里地段也好，离学校和图书馆都近，过街就是大学公园。住老金家，浴室厕所都公用，谁喜欢公用的呢？预计房租、水电费等种种费用，加起来得比老金家的房租贵。这不怕，只要不超出预算就行，我的预算是宽的。"

钱锺书喜出望外之际，也心疼忙忙碌碌了好些天的杨绛。住进新居的第一个早晨，杨绛还因为前一晚既兴奋又劳累，沉沉地睡着。钱锺书蹑手蹑脚地起了床，来到厨房，毫不在意自己的"拙手笨脚"，卷起袖子，开始准备爱心早餐——煮五分钟的蛋，烤面包，热牛奶，做又浓又香的红茶，还不忘备上黄油、果酱和蜂蜜。

杨绛是被钱锺书的贴心叫醒的。钱锺书把早餐端到床前，杨绛一睁眼看到后，满心感动，她用最平淡的语言，对他极尽赞美："我从没吃过这么香的早饭！"

而此后的六十几年里，除了有阿姨料理家务，以及钱锺书生病的日子，其他时候的早饭，都是钱锺书亲力亲为。

两个人的家，是温暖而美好的，是幸福而甜蜜的，是浪漫而又充满烟火气的。

他们一起摸索着生活的模样，发现鲜奶和面包可以从食品杂货商店里订购，还有专人定时送货到家；鸡蛋、茶叶、黄油和香肠、火腿等熟食，鸡鸭鱼肉、蔬菜水果，以及日用品，可以自己在货架上挑挑拣拣，间或比一比，你那个不新鲜，我这个又大又圆，炒出来准好吃……

比起家务，厨房当然更好玩。奇形怪状的食材，经炒锅一颠，变成一道舌尖上的美味。中国胃好馋红烧肉，杨绛买了肉，和"助理"钱锺书迫不及待地用剪子剪成一方一方的，然后下锅，站在电灶旁，静静盯着，使劲儿煮。

失败了也不气馁，互相打气，下一次再试试，没准儿魔法就成功了呢。

果然，下一次买了雪利酒当黄酒用，又换了文火煮，口感意外地好；得心应手后，两人还学会了涮羊肉、焖扁豆、做猪头肉……

一次买了活虾，或许想尝试做一道油焖大虾。

杨绛提了虾进厨房："交给我，这个我内行，要剪掉须和脚。"

岂料大话说得太早，一剪子下去，活虾弓着身子抽搐，吓得她扔了剪刀和残虾，逃也似的跑出了厨房。

钱锺书抬头问："怎么了？"

杨绛心有余悸："那活虾，我一剪，它痛得直抽抽，咱们以后不吃了吧！"

钱锺书走进厨房一看，笑她："虾才不会像你那样痛。"说着卷起袖子，"以后这种活儿交给我，我来剪吧。"

他拿起虾，将它们一只一只细细剪好，也真是奇怪，那些虾到了钱锺书的手中，仿佛园丁手下的枝杈，雕塑家手下的刻塑，全都有了该有的模样。

杨绛一向觉得他笨手拙脚，却没想到在自己所不能胜任的地方，他居然有如此身手，难免让人惊奇又敬佩。从此以后，每次剪虾当然也都是由钱锺书来代劳了。

杨绛有时候会调侃他两句"满腹诗书的才子也下得庖厨了"；有时候也会躲在他身后，偷偷探出脑袋瞧着他细心劳动的模样，看着一份份如艺术品般的美食，然后像无数少女那般艳羡地夸赞他三两句。

享受成果的时候，俩人常常闲话家常。钱锺书兴致一来，出口成诗："卷袖围裙为口忙，朝朝洗手作羹汤。忧卿烟火熏颜色，欲觅仙人辟谷方。"

意犹未尽之际，钱锺书说："我教你作诗吧。"

杨绛摇头，认真道："我不是诗人的料。"

其实杨绛学生时期，课卷上作的诗总能得到老师的好评，但她总谦虚地认为，自己作的诗，只是"押韵而已"。

钱锺书也不勉强，不作诗，两个人一起背诗、谈诗、论诗也是极好的。尤其背诗的时候，假如两个人同时把某个字忘了，左凑右凑凑不上，"那个字准是全诗最欠妥帖的字"，因为"妥帖的字有黏性，忘不了"。

在牛津的相处是轻松、自在的。公寓里，一次，钱锺书午睡的时候，杨绛坐在桌前临帖，可是写着写着，困意来袭，不知怎么就睡着了。

只是睡得轻浅，很快被脸上的恶作剧捉弄醒，睁眼一看，钱锺书拿着蘸满了浓墨的笔，正要给她涂个大花脸。

杨绛知道他孩子气，也不恼，打盆水洗干净。反倒钱锺书瞧着杨绛洗秃噜皮的脸，不忍心道："你的脸皮比宣纸还吃墨，像纸一样快洗破了。"

此后，他便收起了这般的恶作剧，实在玩心大发的时候，就翻出纸笔，细细临摹杨绛的画像，末了画蛇添足般给杨绛的肖像添上眼镜和胡子。

在外求学的日子，每一天都过得多姿多彩。杨绛后来回忆："这一学年，该是我生平最轻松快乐的一年，也是我最用功读书的一年，除了想家想得苦，此外可说无忧无虑。"

有人唱"想念是会呼吸的痛"，身在异国他乡，能为思念止痛的良药，只剩下了殷殷期盼的家书。一封信上，总是爸爸聊近况，妈妈附上几句家常话，两个妹妹写一纸条的悄悄话塞进信里，大姐姐最妥帖，她在的时候，常常事无巨细。

杨绛时常被逗笑，钱锺书见了，就挤过来，头对着头，一起读。每每这时候，他总会羡慕她的家书又多又有趣，字里行间总透着股令人安心的温暖。

他总感慨，伯父去世后，在钱家，这样的温暖与安心是从不存在的，他只是父亲钱基博"得意的儿子"。

但是他不知道的是，父亲从他少年时期开始，就将他的每一封信都贴在本子上珍藏，时时拿出来读一读。直到父亲故去后，他才明白，父亲也有爱，只是爱得过于沉默。

杨绛提笔回信后，他便抢过笔，也写上几句俏皮话。偶有一次，还附上自己的近照，向岳父母告状："爸爸，娘，近照一张，已变肥头大耳之人矣！皆季康功也。下巴亦重，在书房前所照。胡子虽黑而光线不好，故不得见照中，大失望，不久当另照一穿牛津制服者寄奉。"

杨绛从不是附庸的凌霄花，更不是寄生的菟丝草，她是钱锺书身旁旗鼓相当的白杨树。

一个乍暖还寒的早晨，杨绛送钱锺书出门后，不小心被锁在了屋外。按说完全可以找锁匠来开门，之后付钱也可以，但转念一想，锁匠的手艺费太贵，大概这种"意外之需"能省则省。她想方设法蹿上阳台的气窗口，钻进屋内，打开门。还有一次，她独自在家，差点煤气中毒，靠着超强的意志力爬起来，打开了门窗，才得以自救。

这种称得上惊险的经历，别的女子必然要在丈夫面前大肆渲染，好博得丈夫的一番宽慰与怜惜。但杨绛却觉得这并不算是可以拿出来"顾影自怜"的事儿。她一直谨记父亲曾说过的话：杨家的儿女需自立。

她不但自立，她还能做钱锺书的帮手。

"古文书学"和"订书学"是钱锺书最头痛的功课。钱锺书一人搞不定，学院的同学司徒亚跑来和他一起研究，结果两个人瞪着课本上的教程，把整张大纸折了又折，急得抓耳挠腮，仍是不得其所。

司徒亚气道："明明是按照课本上的虚线折叠的，但怎么折也折不对！"

杨绛凑过去看了看，很快看出了端倪。

她指着课本说："课本上画的是镜子里的反映式，你们画反了。"

"原来如此！"

钱锺书和司徒亚经她指点，三下五除二解决了第一道难题。俩人视她为救星，拉着她一起学习"古文书学"。

"古文书学"顾名思义，要把古代的书写文字翻译出来——例如"a"字最初是"α"，后来才逐渐变形。

杨绛找了一只耳挖子，用针尖点着字一个个认。不过"杨老师"很有耐心，也不急躁，"钱同学"却慌慌张张。本来考试并不难，只需要翻译几行字，不求量多，保证字字正确即可，否则错一个字倒扣几分。钱锺书没审清题目，就急急动笔，把整页古文书全翻译完了。这下子做多错多，不仅把分数赔光了，还欠下许多分。

等终于补考过了，俩人都如释重负。

紧锣密鼓地学了一年，也是时候出去散散心了。

心思缜密如杨绛，绝不会来一场说走就走的旅行。临走前，她将住所和行李安排妥当，才和钱锺书携手到伦敦，到巴黎去"探险"。

在伦敦，他们从寓所到海德公园，又到托特纳姆路的旧书店；从动物园到植物园；从阔绰的西头到东头的贫民窟……

在巴黎，他们"预定"了大学的博士生名额。但在此之前，他们惊喜地发现，杨绛怀孕了。

03 爱的续章

我不要儿子，我要女儿——只要一个，像你的。

杨绛忽然记起六岁那年的冬天，一次晚饭后，屋外刮起了凛冽的寒风。母亲唐须嫈忽然叫了声："啊呀，阿季的新棉裤还没拿出来呢。"说罢，急匆匆拿了盏洋油灯，穿过后院，到箱子间去翻找。

她忘不了当时的滋味，"我在温暖的屋里，背灯站着，几乎要哭，却不懂自己为什么要哭"。

如今，抚摸着微微隆起的肚子，她似乎有点明白了。

她说："我以为肚子里怀个孩子，可不予理睬。"她以为，自己还能像从前那般，从早到晚地啃书，想去哪儿就去哪儿，想吃什么，买了就拎到厨房一顿收拾……

都说孩子是天赐的礼物，但这个小天使在降临之前，总是活泼、淘气的。杨绛说："我得把全身最精粹的一切，贡献给这个新的生命。"

她时常正读着书呢，就被呕吐打断了思绪；以前可以一整天都泡在图书馆里，现在才翻开书看了几页，就疲倦想睡了；厨房也很少进了，少了许多烹饪的乐趣。

年终汇总各自所读书目，点翻完毕，钱锺书在日记中记："晚，季总计今年所读书，歉然未足……"

得失总相宜，杨绛为未出世的孩子耗去了三成精力，但新生命也给他们带来了不可替代的快乐。

新生命的性别，是最令人好奇的。俩人也时常讨论男女，探讨不清时，钱锺书反复叮咛："我不要儿子，我要女儿——只要一个，像你的。"

杨绛瞧着他的眉眼："我却想要一个像你的女儿。"

去产院办手续，院长问："要女的？"

钱锺书抢着说："要最好的。"

斯班斯大夫推算："是最好的，你将生一个'加冕日娃娃'。"

不过"圆圆"有个性，对乔治六世的加冕大典不感兴趣，她躲在妈妈的肚子里不肯出来。

受苦的还是杨绛。她十八日开始有分娩的迹象，到十九日进产房，死死拽着床栏杆，咬着牙使尽了全身的力气，痛得死去活来，也没能将圆圆唤出来。

不得已之下，医生给杨绛用了麻药，又借助产钳，圆圆再不敢顽皮，乖乖地从妈妈的肚子里出来了——她浑身青紫，差点窒息，护士使劲儿地拍，她才可怜巴巴地大哭起来，意图向妈妈诉说委屈。

杨绛自然听不见，主持不了公道。她是被疼醒的。每一寸皮肤仿佛都被撕扯过，每一节骨头也仿若被打断重组过，浑身发软，一点儿力气也没有。还有一个肚皮，从原本鼓鼓的样子，塌成了一个坑，上面堆积着皱巴巴的肥肉。

她紧张地问身边的护士："怎么回事儿？"

护士说："你做了苦工，很重的苦工。"另一个护士佩服地问："你为什么不喊不叫呀？我看着你痛得要死，却静静地不吭一声。"

杨绛说："叫了喊了还是痛呀。"

英国护士越发佩服起来，她们七嘴八舌地讨论："中国女人不让叫喊吗？都通达哲理吗？"

杨绛无暇顾及她们的疑惑，别的护士抱来圆圆给她看，她瞧了一眼，只觉"又丑又怪"，便在麻药的药性下，再次昏睡过去。

钱锺书来来回回跑了四次，横越了几道平行的公交车路七趟，才见到清醒了的杨绛。

杨绛告诉他："小婴儿太丑了，皱皱巴巴的，像个小老头。"

护士把圆圆从婴儿室里抱出来，钱锺书小心翼翼地接过来。这是他第一次碰触圆圆，他看了又看，珍视而又得意地炫耀："这是我的女儿，我喜欢的。"

女儿是爸爸的小棉袄。钱锺书初为人父，因为女儿，学会的第一件事竟是"独立"。

杨绛坐月子期间，身体不好，在医院住了二十三天。以前有杨绛在的时候起居生活，钱锺书只需要给杨绛打下手，看起来其乐融融。这些天里，突然没有了杨绛，就显得他越发笨手笨脚。

他每天到医院里去探视杨绛和圆圆，说完体己话，总会苦着脸交代："我今天又做坏事了。"

杨绛问："做了什么？"

"我打翻了墨水瓶，把房东家的桌布染了。"

杨绛轻声说："不要紧，我会洗。"

钱锺书强调："墨水呀！"

杨绛安慰他："墨水也能洗。"

钱锺书放了心，结果回家又不小心把台灯砸了，白天去看杨绛，惨兮兮地坦白。

杨绛叫他放心："不要紧，我会修。"

可等下一次，他还是愁眉苦脸地进门，杨绛知道他准又"做坏事了"。

这次有点严重："我把门轴弄坏了，门轴两头的门球脱落了一个，门不能关了。"

杨绛依然不恼，脸上一点愠色也没有："不要紧，我会修。"

钱锺书深信不疑。他没忘，去年暑假在伦敦度假，他的颧骨上生了一个疔疮，急坏了他。是杨绛每隔几个小时给他做一次热敷，不断地安慰他："不要紧，别担心，我会给你治。"

果然没几天，疔疮治愈了，他的脸上干干净净，一点疤痕都没有。

她总能让他安心，他自然也要回报她。

杨绛和圆圆出院的时候，钱锺书专门叫了汽车来接，回到家里，一股浓郁的香味令杨绛震惊不已。

炉子上煨着鸡汤，汤里还缀了碧绿的嫩蚕豆瓣。这个总是这也做不好，那也做不好的人，居然为了妻子，学会了炖鸡汤。

他把汤盛在碗里，端到床前给杨绛喝。不管这鸡汤滋味如何，在杨绛眼里，这碗鸡汤一定也如他们搬入新居时吃的那顿早餐一般，是她从没喝过的"这么香"的鸡汤！

生活中，无数女人用血泪表明：生孩子的时候，最是能分辨出，你嫁的是否是好男人。

杨绛给了钱锺书包容，钱锺书回赠她信任；钱锺书为杨绛不吝付出，得到杨绛给予的安心。后来每逢圆圆的生日，他总要告诉女儿："你的生日，是母亲的受难日。"

所以，如此温暖的杨绛，注定与钱锺书相遇。

杨绛怀孕这一年，也是钱锺书最为忙碌的一年。这一年他即将毕业，要开始写学位论文。其实他早就确定了论文的方向，旨在探讨中国与英国文学的区别。为此，他曾拒绝过牛津汉学教授斯伯丁的诱惑——他希望钱锺书放弃文学，改读哲学，做他弟弟，即专研中国老庄哲学的汉学家K.J.斯伯丁（K. J. Spalding）的助手。

不过，K. J. 斯伯丁家的侦探小说摆了满满一大书架，为着读书，杨绛和钱锺书也愿意亲近他，但也仅止于此。若想要靠书"收买"他们，钱锺书是决计不干的。

钱锺书爱文学，但是英国人不懂中国的文学，也或许是弱国无法与强国比肩，他的论文被驳了回来。

为了拿到文凭，他另选取了《17、18世纪英国文学中的中国》加以论述，查阅了跨度在两百年间的文献，修修改改，最终获得了一张文学学士文凭。

04　雁杳鱼沉

我父亲在荒野里失声恸哭，又在棺木上、瓦上、砖上、周围的树木上、地下的砖头石块上——凡是可以写字的地方写满自己的名字。这就算连天兵火中留下的一线连系，免得抛下了母亲找不回来。

圆圆最早不叫圆圆，爷爷为她取了一个寓意极好的名字——钱健汝，号丽英。但叫起来不顺口，于是杨绛和钱锺书即兴取了"钱瑗"这个名字，小名圆圆。

圆圆百天后，就随着父母二人去法国巴黎追梦。颠簸的路途中，杨绛想起一年前去巴黎的时候，还是和钱锺书两个人。那时候，钱锺书被派去做1936年"世界青年大会"的代表，到瑞士日内瓦开会。

　　本来只是陪同的杨绛，经人介绍，认识了在巴黎的共产党员王海经，因此也被邀请做"世界青年大会"的共产党代表。

　　如此一来，两人都是"有身份的人"，谁也不是谁的附庸。

　　那样的奇遇极好，与会期间，重要的会议，他们认真对待，钱锺书还为代表中国青年的共产党员写英文演讲稿，获得了不错的反响。

　　有机会来一趟瑞士，自然要看看好风光。他们穿过陡峭的山路，到日内瓦湖"探险"，妄想绕湖走上一圈，反被宽广的日内瓦湖戏耍了一番。

　　返回巴黎后，清华大学的老同学盛澄华诚邀他们到巴黎大学攻读学位，还主动为他们代办了注册入学的手续。

　　如今来到巴黎，仍是这位老同学帮他们提前租了公寓，又到火车站接他们。车上，俩人告诉盛澄华，为一个学位浪费大把的读书时间，太不合算。

　　"我们都不想再读什么学位，但是仍然会继续在巴黎大学读书。"

　　没想到这个想法与盛澄华一拍即合，他说："我和其他两个同学也不准备再攻读博士学位。"他还告诉杨绛和钱锺书，"巴黎大学博士论文的口试是公开的，谁都可以去旁听，我们就经常去。"

公寓距离巴黎市中心只有五分钟的车程，繁华而热闹。在巴黎读书的中国留学生很多，他们自成一个"圈子"。杨绛和钱锺书也认识了几个有趣的人——豪爽好客的T小姐，身边总围着一群追求者；年轻貌美的H小姐，是盛澄华正在追求的心上人；还有最终捕获T小姐芳心的"哲学家"。

在这里，他们还遇到了清华大学中文系的同学李玮和她的丈夫林藜光。

李玮作诗填词是一把好手，书法更是老练；林藜光治学严谨，他不屑巴黎大学的博士学位——博士论文口试时，考生里不管是博学多闻的学者，还是花钱请了"枪手"写论文的学生，被考官刁难一番就能得到博士学位，而林藜光此时正在攻读梵文。

他们有一个儿子，和圆圆只相差几天，作为母亲，杨绛和李玮又有说不完的话。

李玮在巴黎待得久，杨绛向她讨教经验，她摇摇头说："我好几个同学都把孩子送到托儿所去了，但是据我看，托儿所生活刻板，吃、喝、拉、撒、睡都得按规定的时间来。我舍不得让我儿子去受这种训练，他还不到四个月。"

杨绛一听，看着怀里咿咿呀呀的小圆圆，顿时也有点舍不得了。

对门的邻居是一对没有孩子的夫妻，丈夫是个公务员，早出晚归，妻子就经常来逗弄圆圆。她得知杨绛的想法后，提议："我想把圆圆带到乡间去养，那里空气好，牛奶好，瓜果蔬菜也很好，你们空闲了，过去探望也很方便。"

初怀圆圆的时候，杨绛有过这样的计划——将圆圆带到法国，托出去，或送托儿所，或者寄养乡间。

圆圆出生后，却完全不是那么回事儿了。她总是叫人牵肠挂肚，哪怕抱在怀里，也担心保护不好她。

对门太太见说服不了杨绛，想了个法子："可以先试试，晚上让圆圆和我睡，看看她能不能习惯。"

两个人把圆圆的婴儿床从他们房子里，费心地挪到对门太太的房里。

晚上，杨绛和钱锺书不放心，时时侧耳倾听，竟没听到圆圆的一声啼哭，反而是他们两个辗转来、辗转去，一夜未眠。

早上，对门太太乐呵呵地告诉他们："圆圆昨晚乖着呢。"

圆圆睡到很晚才醒，牵肠挂肚的杨绛和钱锺书在她醒后，急急地把婴儿床又挪了回来，这才安心了许多。

好在对门太太要照顾上班的丈夫，没时间回乡，双方便协商，他们付报酬，而对门太太则在俩人忙的时候，帮忙照看圆圆。

但圆圆还小，喂养还得杨绛亲自来。他们初到巴黎时，公寓的主人咖淑夫人供他们一日三餐。她手艺好，丈夫又是个豪爽的人，常常鸡鸭鱼肉摆满一桌子，丰盛之余又很便宜，但是不适合喂养孩子，商量后，俩人决定还是自己动手做饭。

买菜的活自然交给了钱锺书，这也让他的法语突飞猛进——初到法国，两个人一起读福楼拜的《包法利夫人》，很多单词、句子，钱锺书觉得陌生，杨绛却总能脱口而出。

读书方面，钱锺书不落人后，为了提高法文，他从15世纪维容的诗开始，读到18、19世纪的名家作品，一本本、一家家，刻苦而扎实。

厨房的活也难不倒杨绛。她把鸡和咸肉放在一起，再点缀些蔬菜，熬成一大锅汤。出锅后，"我喝汤，他吃肉，圆圆吃我"。

圆圆不挑食，等到她的胃能消化除母乳以外的食物时，咖淑夫人教杨绛做"出血牛肉"，他们把鲜红的血留给圆圆吃，再配上面包蘸蛋黄，空心面煮得软软糯糯，将圆圆养得胖乎乎的。

钱锺书捧着圆圆肥肥嫩嫩的小脚丫，凑近了闻一闻，然后夸张地做出恶心呕吐的表情，逗得圆圆"咯咯"笑。

环境使然，圆圆再大点，也喜欢上了"读书"。往往杨绛和钱锺书捧着书读得津津有味时，小嫩手伸过来捣乱，一把抢走他们手中的书。

钱锺书逗她："你也想读书啦？"

于是，他们专程帮圆圆也置办了一套读书的行头——一只高凳，一本字小书大的丁尼生的全集——书很便宜，是他们从旧书店淘来的。

这方面他们经验丰富，因为不求学位，所以只需要按照自己的喜好，制定一份课程表——每日读中文、英文，隔日读法文、德文，后来又添上了意大利文。

所需的书，有盛澄华帮忙从图书馆借来的，更多的是俩人从大街小巷的旧书店淘来的。

以后读书的时间，杨绛和钱锺书各据桌子一角，圆圆则乖乖坐在凳子上，摊开书，握着笔，有样学样地看一看，再画一画，常常看不出来画的是什么东西。

在巴黎的这一年，是肆意读书的一年，是惬意欢聚的一年，是不受炮火波及的一年，但这样闲适、温馨的美好时光不多了。此后，大地动荡，山河破碎，生离死别、怨憎嗔痴成了人生常态。

杨绛初次有所察觉，是家书里少了一个声音——妈妈怎么不说话了？每每杨绛在回信里问及，父亲和大姐姐总能找出借口搪塞过去，直到过了年，大姐姐才在信里说：妈妈去世了。1937年的深秋，在日寇空袭时，妈妈染上了恶性疟疾，最终没能挺过来。

杨绛后来在《回忆我的父亲》中写道："有一次，我旁观父母亲说笑着互相推让。"

当时听妈妈说："我死在你头里。"爸爸说："我死在你头里。"妈妈想了想，当仁不让地说："还是让你死在我头里吧，我先死了，你怎么办呢？"

大姐姐在信中说：苏州失守，比邻们逃的逃，死的死。满耳的凄声哀号，满眼的尸殍遍野，当死亡近在咫尺时，父亲紧紧攥着陪了自己一辈子的妻子的手，用切实的举动告诉她："你死了，我便不独活。"——生时是伴儿，死了还是伴儿。

大姐姐也做好了同归于尽的准备。可阿必还小，她还有大把的时光，父亲托自己的两个妹妹带着阿必一起逃难。阿必哭喊着，怎么也不愿意走。

丈夫和女儿最终没能留住唐须嫈，她还是先走一步了。

杨荫杭用几担白米换了一具棺材，第二天，父女三人将唐须嫈入殓。那天，天上飘着蒙蒙细雨，他们想尽办法，才找到肯抬棺材的人。

坟地是借来的，杨荫杭再三恳请，才找到瓦匠，在棺材外面砌了一座小屋，厝在坟地上。

杨绛在《将饮茶》中重提此事时说："据大姐讲，我父亲在荒野里失声恸哭，又在棺木上、瓦上、砖上、周围的树木上、地下的砖头石块上——凡是可以写字的地方写满自己的名字。这就算连天兵火中留下的一线连系，免得抛下了母亲找不回来。"

当时，杨绛握着信的手在发抖，从震惊到怀疑，从害怕到放声恸哭。悲痛蔓延到四肢百骸，眼泪止不住地流。

钱锺书护着她，劝说了无数句，安慰了无数遍。但从此，她没有妈妈了，这是世上任何一种文字与语言，都无法宽慰的疼痛。

钱锺书也不好受。山河失陷的年代，没有人能够幸免。祖国水深火热时，巴黎也受战争影响，法郎贬值，生活物品紧俏，就连想回国，也是一票难求。

幸好有里昂大学的朋友帮他们抢到了法国邮轮的三等舱船票。

那是1938年的8月，阔别祖国三年后，他们终于要回来了。

第四章

山河破碎人有恙

01 久别重逢

他只身远去，我很不放心。圆圆眼看着爸爸坐上小渡船离开大船，渐去渐远，就此不回来了，她直发呆。

"早晨八点多钟，冲洗过的三等舱甲板湿意未干，但已坐立满了人，法国人、德国流亡出来的犹太人、印度人、安南人，不用说还有中国人。海风里早含着燥热，胖人身体给炎风吹干了，蒙上一层汗结的盐霜，仿佛刚在巴勒斯坦的死海里洗过澡。毕竟是清晨，人的兴致还没给太阳晒萎，烘懒，说话做事都很起劲……这船，倚仗人的机巧，载满人的扰攘，寄满人的希望，热闹地行着……"

这是《围城》里的开篇，方鸿渐在法国邮船白拉日隆子爵号的三等舱甲板上看到的情景。多年后，杨绛在《钱锺书写〈围城〉》一文中承认，这番情景，与他们从法国回国时三等舱甲板上的情景很像，包括法国警官和犹太女人调情，以及中国留学生打麻将，等等。

1938年8月，回国的三等舱上，伙食比起当初去英国的待遇，差得太多了——船上颠簸的二十几天里，几乎顿顿吃土豆。

首当其冲的就是圆圆。她一岁三个多月，正是长身体的时候，却因为缺乏营养，日渐消瘦；吃不好的同时，情绪也受到了影响，回到上海，被叔叔——钱锺书的弟弟——接到辣斐德路609号的三层小楼里。苏州陷落后，钱家一大家子辗转逃难到上海，钱锺书的叔父花了大价钱"顶"下了这栋临街的三层小楼。从不怕生的圆圆，面对一屋子的亲人却生分得很，对靠近她的人，像小狗般地低吼。

钱家长辈有喜爱逗弄小孩的；有指导杨绛给圆圆换掉硬邦邦的洋皮鞋，改穿方便学步的软鞋的；也有贴心的二弟让了床位出来，让杨绛和圆圆落脚。

钱锺书的父母带着三弟和妹妹住在小楼的二层，二弟夫妻俩则带着儿子住在二层和底层的亭子间。这样一来，杨绛抱着圆圆就得和二弟媳母子俩挤在一起，原本就逼仄的亭子间，更显得拥挤。

杨绛一出生，就得父亲偏爱，在异国他乡的吃穿用度也不曾委屈过自己，如今挤在亭子间的小床上，舟车劳顿之下，弟媳还要拉着她诉苦。

这样的夜里，杨绛越发想念回国途中就分开的钱锺书了。

为了生计和理想抱负，钱锺书在回国前，写信托朋友帮忙推荐适合自己的工作。

任何时候，真正的人才，都是一种稀缺资源。钱锺书陆续收到了外交部、英文《天下月刊》和上海西童公学的约聘书，还未做出选择，又在归国前夕，接到了国立西南联合大学的约聘书。

与其他三份约聘书相比，钱锺书更加中意"西南联大"的约聘书。一方面"西南联大"与清华大学有关。北平沦陷后，北京大学与南开大学以及清华大学秘密迁址到长沙，三校合一成立了国立长沙临时大学。

不过炮火无情，长沙也未能幸免于难。不得已，国立长沙临时大学重新选址，分三路继续西迁。1937年11月1日，到昆明后，改名为国立西南联合大学。

另一方面，"西南联大"的文学院院长冯友兰开出的条件格外诱人——破格聘请他为外文系教授，月薪三百元。

回国的船停靠到香港时，钱锺书独自坐上上岸的小渡船。杨绛抱着圆圆，望着他远去的背影，忧心而落寞。

这是他们婚后的第一次分别，她担心"拙手笨脚"的丈夫照顾不好自己，但她又不能跟着同去。一来，"西南联大"到底是个什么情况，他们谁都不知道，圆圆还太小，跟着去，只会拖累他；二来，她已离家三载，妈妈不在了，她迫切地想见爸爸，不知道独身一人的他过得好不好。

杨绛望着窗外，不免思绪万千，但坚韧如她，很快心中又充满希望。即使炮火毁了所有，可月亮还在，明天的太阳也还在。

回到钱家的第二天一大早，杨绛拜别了钱家老少，带着圆圆，风尘仆仆地赶往同在上海的三姐姐家里。

杨荫杭在葬了唐须嫈之后，终是没能随她同死，他还得带着两个女儿逃难。

战争与死亡是一对双生子。战火连天的年代，哪哪都不安生，他们逃了一大圈，又逃回了苏州。

满街都是丧失人性的日本兵，杨荫杭他们在战战兢兢中躲藏了一段时间后，幸得机会，联络上了嫁到上海的三女儿，才得以从苏州逃脱。

时间最是不可捉摸。三年未见，从前神采奕奕的父亲，如今双目无神，形容枯槁，问过才知晓，爸爸失眠，整晚整晚睡不着，只能借助安眠药。

杨绛心疼不已。她知道，爸爸难以入睡的根源在于想念妈妈，但怕爸爸伤心，她也不敢在爸爸面前提起妈妈。

比起杨绛的悲痛，她的归来，却像一道光，驱散了爸爸心头的灰暗。尤其是看到小圆圆，活脱脱的一个小杨绛。

圆圆也不似在钱家那般局促，她像是能感知到妈妈回到亲人身边的喜悦，也极为亲近外公和几个姨母。

杨荫杭不再消沉，开始戒掉安眠药。杨绛为了照顾爸爸，本想长住，但是，"淞沪会战"虽然瓦解了日寇"三个月灭亡中国"的野心，却也使上海沦为四面楚歌的

"孤岛"。

无数的难民纷纷涌入上海避难，这座城市，虽接纳了流离失所的难民，但是它为每个人提供的仅有立锥之地。

杨绛何其悲哀，没有了妈妈，也没有了稳固的安身之所；她又何其有幸，在这个死亡已成饭后谈资的时期，她还能有爸爸和钱家做后盾。

钱锺书不在，杨绛常常替他回去探望公婆。每每她要去时，爸爸总是打趣地说："要去'做媳妇'喽。"

此番"做媳妇"，"客人"的成分居多。保持周到的礼节，陪着附和几句得体的贴心话，多听少说，保持距离又不显得生分便足矣。

母亲的情绪最能影响孩子。圆圆在钱家很"乖"。每次随杨绛去了，就乖巧地坐在妈妈的腿上，一声不响，只看看这个，听听那个。

圆圆在杨家却完全不一样，大家都宠溺地叫她"圆圆头"。杨荫杭不允许大家把圆圆称为他的"外孙女"或者"外孙"，他说没什么"外孙""内孙"之分，他也不爱"外公"这个称呼，他教圆圆称自己为"公"。小孩子最敏感，谁爱她，她自然喜欢跟着谁，在杨家这里，她要活泼许多。

杨绛的姨表姐怕他们祖孙三代挤在小房子里受委屈，就邀请他们到霞飞路的来德坊居住，还把自己住的三楼让给了他们。自此，杨绛终于有了稳固的居所。

房子大了，姐姐妹妹们就经常带着孩子过来走动。大姐姐当家，请了女佣料理家务。杨荫杭看着一屋子的热闹，时常感慨，一家人整整齐齐，不像在苏州时分散几处。

姐妹几人感念妈妈不在了，怕他孤单，都想方设法照顾好他——陪他上街买鞋，在家里帮他理发，夏天帮他把帐子里的蚊子捉尽，还买来各种零嘴，装在瓶瓶罐罐里，悄悄地放在他的床头柜里。

每隔几天，她们会贴心地检查哪个瓶子空了，哪个罐子没动，从而得知爸爸喜欢吃什么，便把哪种零嘴再填满。

杨绛细心，还能知道什么东西是他爱吃而不吃的，什么东西是他不爱吃而不吃的。

杨绛经人介绍接了一份家教的工作后，大姐姐又帮着物色了一个小阿姨，专门带圆圆。

杨荫杭也偏爱圆圆，时常扮演"奶公"，午睡时，要带着圆圆一起睡。杨绛和几个姐妹都艳羡不已。从小到大，家里几个兄弟姐妹，没有一个和爸爸一床睡过，哪怕以前在苏州"安徐堂"的家里，爸爸的床很大，也没有谁有如此殊荣。

爸爸还把珍藏的小耳枕给圆圆用——那是妈妈在世时，特意用台湾席子做的，中间有个窟窿放耳朵。

杨荫杭自从戒掉安眠药后，逐渐恢复正常睡眠，睡得好，心情也好，慢慢眉目清朗了，精神矍铄了。

"哪怕朋友越来越少"，杨荫杭也决计不会做汉奸的。他在震旦女子文理学院找了份教书的工作，小女儿也在这里上学，还能照应一番。

比起钱锺书在昆明等待着一展拳脚的远大抱负，上海霞飞路的来德坊三楼里的杨家祖孙们，工作谈不上努力，只为糊口，只为消遣；生活无所谓事事如意，只为健康，只为平安。

但身处乱世，平安喜乐只是一种自欺欺人的妄想。既然生有天赋，又满身才华，就该挺身而出，振兴中华。

02　临危受命

其实我们两家门不当，户不对。他家是旧式人家，重男轻女。女儿虽宝贝，却不如男儿重要。女儿闺中待字，知书识礼就行。我家是新式人家，男女并重，女儿和男儿一般培养，婚姻自主，职业自主。

一天，王季玉到杨家开门见山，直奔主题："我要在上海筹建振华分校，你是最合适的振华校长。"

杨绛对母校苏州振华女中校长——王季玉的突然造访大感意外，对她提出的担任校长一职，更加惶恐而不安。

杨绛一直是一个知道自己想要什么的人。担一两科教职可以，但做校长，别说没做过，更不知道该怎么做；她对当官也不感兴趣，何况爸爸亲身体会过做官的苦与身不由己，他曾笑言那是"狗耕田、牛守夜"的待遇。

杨绛不经意间瞥见季玉先生发间的白丝，不禁想起，这位振华女中的校长，于海外求学归国后，曾经也是炙手可热的人才，求才若渴的学府纷纷朝她伸出橄榄枝，她却为了继承母志，回到了振华女中。

面对仅有五名学生——中途还有一名学生辍学——的振华女中，她秉持自己独特的教学理念，将中西方教学相结合，教学方式活泼多样，注重学生全面发展，教学内容涉及雕刻、绘画、国乐、文艺、家政及演讲、辩论、作文竞赛，并聘请如蔡元培、竺可桢、俞庆堂等名师授课，一步步提高教学质量，将该校发展为校风淳朴的名校，使许多学子慕名而来。

最困难的时候，她为筹集经费，自己每个月只领二三十元的生活费；她的卧室陈设简陋，仅可容膝；她穿布衣、布鞋，上面还打满了补丁，被戏称为"叫花子校长"；她执教生物、英语，生了病也要站在讲台上，不放弃每一个学生。

振华、振华——振兴中华。

复课并于上海重建振华分校，王季玉先生不是为了自己的私欲。相反，她有一颗拳拳的爱国之心。

1937年，苏州沦陷后，日本人强制接管振华女中，王季玉先生岂会看不透他们的野心？身体的控制虽可怕，但思想的入侵才是最具毁灭性的。

五十二岁的季玉先生不甘于做日寇管制下的"良民"，她遣散了师生学子，秘密将八十余箱图书转运到东山，寻了一处农舍，将图书和贵重器材藏在复壁内，自己也于东山易姓改名，等待一个好时机。

如今，杨绛学成归来，季玉先生觉得这个"好时机"终于到了。可是，杨绛却认为季玉先生是有点强她所难了。

对她来说，能安安稳稳地陪在爸爸身边，照顾好圆圆，谋一份生计之余，写点自己喜欢写的东西，等待钱锺书的归来，人生便足矣。

季玉先生却告诉她，不够、不够！

人生那么长，护我们的家国尚在沉浮中，上海是一座孤岛，永远不知道哪一天就会被炮弹击中。

杨绛慨然，她拿不定主意。钱锺书不在，她去找爸爸商量。爸爸却一反常态，支持她去做。

君子有所为，有所不为。做汉奸不可为，重建"振华"尤可为。

同样支持她的，还有钱锺书。

钱锺书到"西南联大"报到后，因学校尚未开学，便也急急地回到了上海。他想念才分别不久的妻子和女儿，还有久久未见的双亲。

钱基博自己谋得了一份去往湖南蓝田国立师范学院的教学工作，却坚决反对杨绛抛头露面。他不以为然地说道："谋什么事？还是在家学学家务。便是做到俞庆棠的地位，也没甚意思。"

许多年后，再回忆起这一段，杨绛说："其实我们两家门不当，户不对。他家是旧式人家，重男轻女。女儿虽宝贝，却不如男儿重要。女儿闺中待字，知书识礼就行。我家是新式人家，男女并重，女儿和男儿一般培养，婚姻自主，职业自主。"

一向开明的杨荫杭回敬起亲家，也是毫不留情："钱家倒很奢侈，我花这么多心血培养的女儿，就给你们钱家当不要工钱的老妈子！"杨荫杭的开明通透不只如此，后来在弥留之际，阿必还未大学毕业，他担心阿必的学业之外，关于婚配，他如是说："如果没有好的，宁可不嫁。"

男尊女卑，杨荫杭不认，钱锺书不认，杨绛也不认。

杨绛只认自己——点了头，许下了诺言，再苦、再难，也要全力以赴。

筹建分校，说起来容易，做起来难。在孤岛，谋生已不易，更何况还要大张旗鼓地"干一番大事"——校舍的房子去哪儿找？房租的经费是多少？教职员的班子怎么凑？将来开学了，招生多少？学费多少？教职员的薪水怎么定？

季玉先生不是甩手掌柜，她手把手地教杨绛筹划，校舍可以去找赫德路振粹小学的女校长商议合用；并和杨绛一起制定挑选教师的标准，传授杨绛约束教师的方法；还教杨绛怎样将一门课教到精通，并取得威信。

杨绛一边仔细聆听季玉先生的教诲，一边把该做的事情一一记在笔记本上。

信任是全无保留的，季玉先生把银行存折和钤记印章郑重地交到杨绛手里，便退居幕后。

杨绛从答应季玉先生开始就全力以赴，常常早出晚归，东奔西跑，做完一件事，便注销一件。

看到笔记本上的"注销符"越划越多，杨绛的心是雀跃的，但一心无法二用，顾此失彼的事常有发生。

那年冬天，圆圆身上出了红疹；次年的春天，圆圆又得了痢疾，伤了肠胃，稍不注意就会吃坏肚子。肠胃靠养，平日里也要多加忌口，圆圆这不能吃，那不能吃，只能眼巴巴地看着别人吃。

一次，杨绛做家教的学生送来了一大篓白沙枇杷——入口消融，水又多——是圆圆从来没有吃过的东西。杨绛和家里人围在一起边吃边聊，圆圆忍不住跑过来，委屈巴巴地扯一扯妈妈的衣角，眼角挂着一滴眼泪。

杨绛自责又心疼，却也只能在结束了一天的忙碌之后，躺在床上，教她唱童谣。那是少得可怜的亲子时光，但圆圆是一个懂事的小姑娘，她知道妈妈忙，能和妈妈一起唱童谣，已经很开心了。

钱锺书也时常来信，并且事无巨细地写成日记。杨绛却因为忙碌，很久才回复一封。钱锺书没有为此责备她，也从不抱怨，反而感念杨绛的辛苦，给杨绛推荐了两名英语教师。

杨绛后来才知道，钱锺书把思念写成了诗，藏在一词一句中——《昆明舍馆作》：

屋小檐深昼不明，

板床支凳兀难平。

萧然四壁埃尘绣，

百遍思君绕室行。

还有《一日》里等待回信的期盼与焦急。

一日不得书，忽忽若有亡；

二日不得书，绕室走惶惶。

百端自譬慰，三日书可望；

生嗔情咄咄，无书连三日。

四日书倘来，当风烧拉杂；

摧烧扬其灰，四日书当来。

1939年7月，刚放暑假，钱锺书就马不停蹄地赶回了上海。

在杨绛忙碌的日子里，他带着圆圆到处走走看看；他还喜欢趴门缝，偷听杨绛表姐的妯娌和她婆婆吵架——这对婆媳口角玲珑，唇枪舌剑，你来我往中，应对敏捷，钱锺书听了，总惟妙惟肖地学给大家听；晚上陪着圆圆玩"猫鼠共跳跟"，常常挤在一处笑得嘻嘻哈哈。

杨绛夜里回到家，每每听到父女俩的笑声，顿觉一日的疲劳就都消散了。

在这样的欢声笑语中，在一年最好的季节里，上海振华女中分校终于开学了。

03　平地生波

一个人的出处去就，是一辈子的大事，当由自己抉择，我只能陈说我的道理，不该干预，尤其不该强他反抗父母。我记起我们夫妇早先制定的约，决计保留自己的见解，不勉强他。

振华女中的大门一敞开，新旧学子们就纷纷前来报到，杨绛在紧锣密鼓中走马上任，总揽大权的同时，还要兼顾高三的英语教学，一切忙碌而又按部就班地进行着。

钱锺书尚未开学，仍在享受举家团聚的欢乐。可惜父亲钱基博的一封信，让原本短暂的快乐戛然而止。

他愁容满面地告诉杨绛："'蓝田师院'缺一个英文系主任，父亲想让我过去顶上。"

杨绛不同意："'西南联大'这份工作得来不易，你尚未做满一年，凭什么也不该现在换工作。""西南联大"作为顶尖学府，不是谁都能够被破格录用的。假如突然离职，势必会引起许多人的不满。

钱锺书也为难："我也不想离开'西南联大'，但是父亲身体大不如前，我过去了，还能照应一二。"他补充道，"父亲也说了，只一年，一年后我们同回上海。"

争吵是难免的，但争吵本质上来自双方的不理解。杨绛不懂钱家人为何从老到少，全都看不透利弊，就连钱锺书本人，虽然说着为难的话，却也觉得应该去。

她向爸爸诉苦，絮絮叨叨地表明自己的顾虑与其中利弊，但爸爸却没有肯定她的顾虑，也没有否定钱锺书的想法。

爸爸只是面无表情地沉默着。

杨绛思绪万千，她没想到爸爸会如此回应自己。

不过，不论爸爸的沉默是何种原因，杨绛都从这份沉默中，解读出了这道难题的答案。

她逐渐冷静下来，想了许多，后来，她在《我们仨》中写道："一个人的出处去就，是一辈子的大事，当由自己抉择，我只能陈说我的道理，不该干预，尤其不该强他反抗父母。我记起我们夫妇早先制定的约，决计保留自己的见解，不勉强他。"

自我说服的话，说上千言万语，也不及一次感同身受。杨绛专程空出时间，陪钱锺书一起去钱家周旋。她说："一到那边，我好像一头撞入天罗地网，也好像孙猴儿站在如来佛手掌之上。他们一致沉默；而一致沉默的压力，使锺书没有开口的余地。"

钱家的沉默，和爸爸的沉默不同。

爸爸的沉默是对亲家的不赞同，却又不能指手画脚，也是对杨绛过于左右钱锺书事业发展的不赞成。

钱家的沉默，却是逼钱锺书就范的一种手段，是嫌弃杨绛不懂事的一种谴责。

杨绛终于懂了钱锺书的为难之处，她同情他，体谅他，不再给他施压，全凭他自己做主。不论最终的决定是什么，她都理解他，支持他。

此时父亲钱基博的老友兼"蓝田师院"的院长廖世承来上海招教，他几次三番以"孝道"劝说钱锺书。钱锺书思虑再三，最终决定舍弃"西南联大"的优厚待遇，转而到"蓝田师院"入职。

他立刻写了辞职信给"西南联大"的外文系主任叶公超。他或许还存有一丝侥幸，希望辞职信被回绝，就不会左右为难了。

只是造化弄人，钱锺书离开上海后，杨绛才收到姗姗来迟的电报。

钱锺书离开上海前，因为打定主意要去"蓝田师院"了，要做的准备不少：每天遵循着父亲信里的指示，今天找这个人办这件事，明天又找那个人办那件事……

本就聚少离多的俩人，如今又面临着离别，全然没有了假期初的闲适。

家庭中，夫妻关系始终要大于亲子关系。可是不管是来德坊的三楼，还是辣斐德路的亭子间，留给两人独处的时间几乎都没有。

终于在中秋当天偷了闲。吃过团圆饭，笑过、闹过，大家各自睡了，杨绛和钱锺书哄睡了圆圆后，蹑手蹑脚地并肩赏月。

钱锺书用一首《对月同绛》，抒发自己的一腔离怨与无可奈何。

分辉殊喜得窗宽，彻骨凝魂未可干。

隘巷如妨天远大，繁灯不顾月高寒。

借谁亭馆相携赏，胜我舟车独对看。

一叹夜阑宁秉烛，免因圆缺惹愁欢。

杨绛则用一碗"生日面"抚慰他。她把面端给他："你这次生日，大约在路上了，我只好在家里为你吃一碗生日面了。"不过或许分离在即，俩人都心思烦乱，估算错了钱锺书的生日。其实钱锺书的生日不在路上，而是他到了蓝田之后。

钱锺书在去往蓝田的途中，作了一首《耒阳晓发是余三十初度》诗，感念自己的三十岁生日。

他"跋山涉水"了三十四天，途中吃不好，睡不好，还给累病了。杨绛也不省心，钱锺书刚走，她就收到了清华大学秘书长沈弗斋的责问书。

只是等杨绛辗转把消息传给钱锺书的时候，一切都晚了。当初递辞呈时，钱锺书只给叶公超寄了一封，而未给校长梅贻琦写信辞职，其实是想履行完和父亲钱基博的师院之约后，还能够重返"西南联大"。他绝没想到，自己舍"西南联大"而就"蓝田师院"，惹恼了叶公超。

人的命运，往往离不开时代的推波助澜，拿走了一些珍而视之的东西后，又会给予另一份惊喜——在"蓝田师院"的这一段经历，为钱锺书以后撰写《围城》，增添了许多佐料——《围城》中的"三闾大学"的原型就是"蓝田师院"。

钱锺书到了"蓝田师院"后，当即给沈弗斋和梅校长回信解释了个中缘由，但既来之则安之，他尽力做好英文系主任之余，还"君子进庖厨"，亲自为父亲炖鸡补身子。

可惜钱锺书的孝顺，父亲不仅瞧不上眼，还责怪道："这是口体之养，不是养志。"

钱锺书不敢拂逆父亲。在寄回上海的信里，没有半点隐瞒与父亲的问题。从只言片语中，杨绛虽读懂了他的委屈，只是杨绛的日子也并不好过。

她做事认真负责，是个出色的教师；但做校长不够圆滑，往往得罪了人还不自知。

那时候，圆圆已经会自己爬楼梯了，须有人时时看护着，一不注意，她就会自己爬上四楼找小表姐玩。

小表姐比圆圆大两岁，已经能认识许多字了。每天到了念书的时间，她常常自己捧着一本《看图识字》，坐在椅子里大声读。圆圆就坐在她的对面，羡慕地听。

杨绛见了，也买了两册书送给圆圆。圆圆爱不释手，有模有样地学着小表姐，从头念到尾，一字不差——但她却是把书倒过来念的，认的全是颠倒的字。

大家都觉得很新奇。杨绛下了班回来，大姐姐忙叫她过去看："快来看圆圆头念书。"

圆圆才两岁半，还不到认字的年纪。杨荫杭不赞同圆圆太早识字，他担心"会把圆圆教笨"。但是现在当家的是大女儿，她认为有错就要改，还特意买了一套字卡亲自纠正。

圆圆大概随了爸爸，记性极好。大姨把字卡一字排开，指着一个字，教上一遍，圆圆就记住了，而且颠来倒去，也不会忘记，还能指出在哪哪见过这个字。

大姐姐朝杨绛显摆："她只看一眼就认识了，不用温习，全记得。"

看着圆圆日渐长大，杨绛欣慰的同时，心里不免惆怅。自己每日披星戴月，做着并不喜欢的事情，连陪伴女儿的时间都越来越少。

一次，杨绛正在挑灯批改英文卷子，圆圆一遍遍地过来扯妈妈的衣角，请求妈妈陪自己玩会儿。杨绛一遍遍地让她等等，等等，再等等。饶是懂事的圆圆也有了情绪，她眼里含着眼泪，伸出软乎乎的拳头，作势就往卷子上捶。

杨绛心疼极了，觉得自己简直是在虐待圆圆。

1940年，暑假到来前，杨绛深思熟虑后，第二次向季玉先生寄出辞呈——她半年前提出过一次，被季玉先生否决了。这次，为了坚决辞掉工作，她把交接事宜都安排妥当了。

季玉先生见她心意已决，也不好再强迫，只是杨绛这个校长是在教育局立了案的。一校之长，不是儿戏，不是说换就能换的，总得慢慢地过渡。

季玉先生要杨绛的图章："学生的成绩报告单，将来的毕业证书上，都得盖你的图章。"

　　杨绛想也未想，就把图章交给了季玉先生。信任是相互的，季玉先生曾经毫无保留地信任她，而今不过是一枚图章，她同样信得过季玉先生。

　　看着季玉先生离去的背影，在惭愧又敬佩的情绪拉扯中，她很不好受。

　　惭愧于自己原本咬咬牙，努努力，也能稳稳当当地做好一个振华女中校长；敬佩于眼前这个五十四岁，已经步入老年的老校长，一辈子四处奔波，从未想过为自己寻一良人相伴，把全部的生命都献给了振华女中。

　　在振华女中的这两年，是杨绛最糟糕的一段经历，她忙忙碌碌，却变得不像是自己了。

　　这也是她最宝贵的一段经历，在这里，她见识到了一上来便递名片的如"黑皮阿二"般的地痞流氓；也见识到了包括学校在内的"凡是挂牌子的"，都得向地头蛇送"节赏"的无奈。

　　家里人说她傻，这么好的工作居然说不要就当真不要了。可是杨绛不后悔，她像爸爸一样，保持本心，做自己认为对的事。

　　一如她告诉季玉先生的话："人各有志。"

　　她终于可以随心所欲地做自己喜欢的事儿了。

04　波澜再起

从今以后，咱们只有死别，不再生离。

1941年的夏天，钱锺书终于风尘仆仆地回到了上海。

他原本应在前一年的暑假回来，只是那时候，钱基博反悔了，钱锺书万般无奈之下，本想与同事徐燕谋结伴，回上海陪杨绛和女儿过暑假，却因路途不通，未能如愿。

杨绛带着圆圆已经挤在辣斐德路的婆家等候多时了。她想象过无数次俩人重逢的情景，却怎么也没想到钱锺书会变得那么黑，长时间未打理过的头发和胡子肆意生长，身上裹着样式老土的粗布长衫，也无怪乎圆圆会警惕地盯着他。

钱锺书见了女儿，喜悦溢于言表，他从行李箱中掏出一只专门从船上带回的外国橘子递给圆圆。

钱锺书走的时候，圆圆才两岁多，如今两年未见，她怎么也无法把眼前的陌生人，与妈妈口中的爸爸画上等号。

她好奇地监视着钱锺书的一举一动，看到他把手中的行李箱放到妈妈的床边时，她忍不住了，护着妈妈说："这是我的妈妈，你的妈妈在那边。"

钱锺书心有歉疚，讨好地笑问："我倒要问问你，是我先认识你妈妈，还是你先认识？"

圆圆骄傲地宣示："自然是我先认识，我一生出来就认识，你是长大了认识的。"

孩子对父母的爱，最是绵延与纯粹：我从出生就爱你，你从二十几岁才开始爱我；你只能爱我"一阵子"，我却爱了你一辈子。

杨绛总说，圆圆身上有钱锺书的"痴气"，大概便是这份"痴气"，让阔别两年宛如陌生人的爸爸，一句悄悄话便俘获了女儿的心。

后来，杨绛总遗憾当时没有问钱锺书到底说了什么具有魔法的话，让圆圆对他从警惕变得友好得像"哥们儿"一样。

很多年后，钱锺书与圆圆相继离世后，这个魔法，终究成了父女俩之间永远的秘密。

后来孤零零的杨绛无数次猜测，钱锺书说的会是"我是你的爸爸"，还是"你是我的女儿"，抑或是"你一生出来，我就认识你"。

或许都有，又或许不只如此。他是个博学的爸爸，更是个有趣的玩伴。

他教圆圆说英语单词，短的如dog、cat、pig等，长的如metaphysics等。见她孺子可教，又教她法语和德语单词。

圆圆不懂是什么意思，还总被爸爸推到客人面前显摆，逗得大家哈哈大笑。她自以为有趣，却不知道爸爸教她的都是些难登大雅之堂的粗话。

有了爸爸撑腰，在钱家，圆圆的胆子渐渐大了起来，人也淘气了许多，还学会了撒娇，活像一个"人来疯"。

奶奶总摇着头，满脸的不认可，说她和钱锺书是"老鼠哥哥同年伴儿"，"大的要打一顿，小的也要打一顿"。

要被打的钱锺书却很认真地告诉杨绛："假如我们再生一个孩子，说不定比阿圆好，我们就要喜欢那个孩子了，那我们怎么对得起阿圆呢？"但是"专一的父爱"不影响他在女儿的被窝里埋"地雷"——各种玩具、镜子、刷子，甚至砚台或者大把的毛笔，就为了听到女儿的惊叫声，然后得意地取笑一番。

三个人异常珍惜这段短暂的夏日时光，因为钱锺书回上海前，已经从"西南联大"的同事那里得知，"西南联大"决定重新聘他任教，为此，他辞掉了"蓝田师院"的系主任之职。

能够重回"西南联大"，钱锺书是下了很大决心的。哪怕再次与妻女分隔两地，饱受相思之苦，他也情愿。只是天不遂人愿，眼看着暑假快要走到头了，"西南联大"的约聘书还迟迟未到。

杨绛问他："是不是你弄错了，'西南联大'并没有要聘你回学校？"

钱锺书踌躇着说："袁同礼曾经和我有过约定，如果不方便去内地，可以到中央图书馆任职。"

眼看着弟弟妹妹都已有出路，各奔东西了，钱锺书望眼欲穿，既没有接到"西南联大"的约聘书，也没有等来袁同礼践约。

面临着事业风险的钱锺书，托在暨南大学任英文系主任的陈麟瑞帮自己推荐一份工作，陈麟瑞当即就说："正好，系里都对孙大雨不满，你来就顶了他。"

钱锺书做不出来挡人前途的事，当下就回绝了陈麟瑞的好意，准备另寻他法。

那时候，他们挤在辣斐德路的客堂里——白天，是正常的会客厅；入了夜，将沙发和茶几挪开，铺上一张大床，再挂一副窗幔，就是一间卧房。

弟弟妹妹们离开后，空间倒是宽敞了，心里却因为工作的事，越发拥挤了。

钱基博经常写信回家，抬头总是写给小儿子的，字里行间总是夸赞小儿子"持家奉母"，责怪大儿子一事无成，还需要弟弟"扶兄"。杨绛很为钱锺书委屈，钱锺书却总是一再忍让。

他告诉杨绛："爹爹因吾娘多病体弱，而七年间生了四个孩子，他就不回内寝，无日无夜在外书房工作，倦了倒在躺椅里歇歇。江浙战争，乱军抢劫无锡，爷爷的产业遭劫，爷爷欠下一大笔债款。这一大笔债，都是爹爹独立偿还的。"

杨绛问："小叔叔呢？"

钱锺书解释："小叔叔不相干，爹爹是负责人。等到这一大笔债还清，爹爹已劳累得一身是病了。"

不过，脾气再好的人，也有硬气的时候。10月下旬，陈福田以"西南联大"外文系主任的身份，带来了姗姗来迟的约聘书。

不论是有心抑或无心，钱锺书都知道，自己在"西南联大"是不受某些人欢迎的，他没忘当年"辞职别就"后，叶公超对袁同礼说过的话："钱锺书这么个骄傲的人，肯在你手下做事啊？"

既然不受欢迎，便不去自讨没趣。钱锺书客客气气地辞谢了"西南联大"的聘请，没有说一句难听话。

杨荫杭得知后，把自己在震旦女子文理学院教授的"诗经"课时，让给了钱锺书两个小时。

见面那天，震旦女子文理学院的负责人"方凳妈妈"和钱锺书聊过之后，很赏识他的学识，额外为他增加了课时。为了维持生计，钱锺书像杨绛那样，做起了家庭教师。

比起钱锺书的窘境，杨绛在工部局北区小学做代课老师的待遇就好太多了。不仅工资高，每个月还有三斗白米，而且只在下午上半天课，多出来的时间，她已经开始着手写话剧《称心如意》了。

缺点是通勤时间过长。每天她要从辣斐德路出发，乘车到法租界的边界，步行穿过一段不属于租界的长路，再改乘公共租界的有轨电车，跨过黄浦江，才能到达。

杨绛常常困得在公交车上打盹儿，但不久后，日军偷袭美军，轰炸了珍珠港，上海这座"孤岛"彻底沦陷。

自从钱锺书留在上海后，杨绛也留在了婆家。此番"做媳妇"，不同于之前偶尔买点礼物上门"做做样子"的礼节，现在是要同住一个屋檐下，时时见面，事事操心。

日寇在上海实行米粮管制，分配给市民掺了杂质和麸皮的黑面粉；混了黄、白、黑沙子的碎米；揉了泥，还总缺货的煤球……杨绛得自己筛去面粉里的杂质；用镊子挑出沙子；听到沿街有卖米的，赶紧冲出去，不论多贵，都得赶紧买；把煤末子视为至宝……

日子越发难过起来，这就显得学校里的白米弥足珍贵。所以，再苦再累，杨绛也依然坚持工作，风雨无阻。

日寇管控上海后，限制极多。杨绛上课，在途经黄浦江大桥时，要下车，向桥上把守的日本兵鞠躬。杨绛骨头硬，不愿弯腰，常常低着头，蒙混过去。

后来日寇直接上车排查，乘客必须站起来接受检查。有一次，杨绛站得比别人迟了一会儿，被日本兵怒目而视，她怕极了，但仍本着不示弱的精神，目光如炬地瞪着前面的车窗。

日本兵走了，杨绛却心有余悸。她不愿向日寇低头，却又无可奈何，她得为了女儿和钱锺书，为了爸爸和亲人保全自己。

她换了一条比较远的路，往往下了车，还得折回半站路，中间还要路过一段三教九流聚集的地方，她经常碰到盯梢的流氓。那些人不是朝她风言风语，就是戏谑地吹口哨。

后来，检查的日本兵天天换，杨绛又重新走回了老路。虽然幸免于难，也不过是从虎口又回了狼窝。不久后，日本人接管了工部局北区小学，杨绛便愤然离职了。

生活上的拮据尚且能忍，精神上的贫穷却使人丧失底气。

钱基博的来信常常提醒钱锺书，他是父亲最没有出息的儿子。纵然又多了两个家教学生，但经常还要依靠几个学生的束脩维持生活。

夏天时，有人送来了一担西瓜——那么多！那么大！杨绛和钱锺书认为应该是住在三楼的堂弟的人情，绝不会是送给自己的。

他们叫堂弟把西瓜全都搬上了三楼。直到学生打来电话，才知道是钱锺书阔绰的学生送来的酬礼。

圆圆睁着惊奇的大眼睛，看着堂叔叔把西瓜搬了下来，爸爸又把西瓜分送上楼。她佩服地说："爸爸，这许多西瓜，都是你的！"又"与有荣焉"道，"我呢，是你的女儿。"

杨绛和钱锺书被她一副"自豪"的小模样逗得哈哈大笑，可笑过之后，杨绛不免生出些悲悯："可怜的锺书，居然还有女儿为他自豪。"

钱锺书看得透彻，他对杨绛说："咱们一家人同甘共苦，总胜过别离。"他庄重而又严肃地发愿："从今以后，咱们只有死别，不再生离。"

第五章

悠悠书香沁人心

01 称心如意

如果说，沦陷在日寇铁蹄下的老百姓不妥协、不屈服就算反抗，不愁苦、不丧气就算坚强，那么这两个戏剧里的几声笑，也算表示我们在漫漫长夜黑暗里始终没有丧失信心，在艰苦的生活里始终保持着乐观的精神。

杨绛初到大学牛津时，曾因不能攻读自己喜爱的文学，而暗自惋惜过：假使我上清华大学外文系本科，假如我选修了戏剧课，说不定我也能写出一个小剧本来，说不定系主任会把我做培养对象呢。

当时的系主任是著名的戏剧家王文显，陈麟瑞（笔名石华父）和李健吾都曾是他的学生。

如今，几人同时困在上海，颇有点惺惺相惜之意。他们常常聚在一起，这儿吃吃，那儿聊聊，杨绛的《称心如意》就是在一次陈麟瑞请下馆子吃烤羊肉后，心血来潮写出来的。

不过，真正动起笔来，却不甚理想。虽然杨绛读过许多戏剧，甚至连陈麟瑞家的藏书——《莎士比亚的成功经验》和《戏剧创作技巧》都借来读过，但是她的初稿仍是被陈麟瑞"嫌弃"的。

陈麟瑞曾留学于美、英、法、德，专攻戏剧。又创作过反映"社会对妇女压迫"的四幕剧《职业妇女》，他鼓励杨绛写话剧时，改编的《晚宴》刚上演不久，从主角到配角，全是当时上海滩的名演员。

他年长杨绛和钱锺书几岁，又同出清华大学，现在又住在同一条街上，相隔五分钟的路程，所以交往很密切。

他把钱锺书当作弟弟，还说："他打我踢我，我也不会生他的气。"他在戏剧方便时常鼓励并指点杨绛。

他说"不好"，就是真的不好。

既然做独幕剧太长，就拉长做多幕剧；内容不够，就在人物和故事上下功夫。

刻画人物是杨绛的强项，她笔下的人物个个鲜活饱满。在她塑造的世界里，这些人物仿佛活了一般，有自己的思想，能碰撞出别样的火花。

杨绛把改后的稿子再拿去给陈麟瑞和李健吾看时，得到了他们极大的肯定，并将其推荐给了相熟的话剧导演黄佐临。

黄佐临师从于英国戏剧大师萧伯纳，他曾两度赴英，于1937年全面抗战开始后回国。临行前，得萧伯纳寄语：起来，中国！东方世界的未来是你们的，如果你们有毅力和勇气去掌握它，那个未来的盛典将是中国戏剧，不要用我的剧本，要你们自己的创作。

杨绛不仅得到黄佐临的青睐，也深受李健吾的赏识。李健吾对杨绛赞不绝口，在排演之初，为自己争取了舅公一角，亲身体会了一把杨绛笔下"锦绣华服下的炎凉世态"——20世纪30年代的上海，女孩李君玉的母亲原本出身富贵，却为了真爱，舍弃了一身荣华，与穷画家私奔。但好景不长，父母双亡后，李君玉前往投奔几个舅舅，却遭到几个舅舅和舅母的排挤和利用，但她阴差阳错获得了舅公的怜爱和大笔财产的继承权，让机关算尽的舅舅们悔不当初。

1943年5月，在上海金都大戏院，在当红演员的演绎下，《称心如意》一经上演，便获得了巨大的反响。

《称心如意》虽然是杨绛的处女作，取名时也是灵光乍现，但它却让"杨绛"这个名字熠熠生辉。公演之初，宣传的海报上需署作者名，杨绛想起家里人唤她的名时，总偷懒把"季康"吞音成"绛"，于是，随意就取了"杨绛"这个笔名。没想到，她的这个举动，让"杨绛"这个名字，成为她一生的招牌。她将人间诸相，观察得细致入微；用幽默可笑的"喜剧"技巧，一刀刀划开"上流社会的下流品性"。

正如李健吾所说："杨绛不是那种飞扬躁厉的作家，正相反，她有缄默的智慧。"

杨绛后来在《隐身衣》里写道："我这也忍，那也忍，无非为了保持内心的自由，内心的平静……我穿了'隐身衣'，别人看不见我，我却看得见别人，我甘心当个'零'，人家不把我当个东西，我正好可以把看不起我的人看个透。"

在《称心如意》中，女主角李君玉在痛失双亲后，尝尽世间百态，饱受人情冷暖，却坚守初心——善良而坚韧，最终拥有了一个称心如意的结局。

文字最能反映人心，尤其是创作之初，字里行间都真情流露。沦陷在处处受限制的日占区，唯有守住本心，才能"保持内心的自由与平静"。

1943年秋天，日军接管工部局北区小学，杨绛毅然辞职，哪怕那时候钱锺书和圆圆时常因为吃不好、睡不好，三天两头生病。没了丰厚的待遇，一家人的日子更是雪上加霜。

杨绛毫不避讳地承认，最初写剧本是为了赚些家用，改善艰苦的生活。虽然没有预想的那么多，但是够请朋友们下一顿馆子，够给家里的餐桌上摆几盘酱肉，尝尝荤腥，也总是令人知足的。

《称心如意》的大获成功，让上海戏剧界看到了杨绛的潜能。辞职后的杨绛，开始专心创作戏剧。

《弄真成假》写于1943年10月，这部剧继续延续了《称心如意》的喜剧风格。不过，相较于《称心如意》的大团圆结局，《弄真成假》就多了点诙谐的啼笑皆非。

这部五幕喜剧的男主人公周大璋出身贫寒，却心怀大志：想冲破阶层的束缚，做上流人。为了实现理想，他不惜抛弃了女友张燕华，转而向女友的堂妹张婉如——地产富商张祥甫的千金——极力推销自己。

为了"买卖"成交，他把自己包装成出自书香门第的留洋博士，实则他只是去国外混了一年半载，而今是个浑噩度日的保险推销员；他将文盲母亲谎称作知书识礼的才女；小小的杂货铺在他的如簧巧舌下，摇身一变，成了华洋百货公司。

就在张婉如即将陷入他精心编造的"爱情殿堂"时，被慧眼如炬的张父和心怀鬼胎的张燕华阻拦。

张燕华为了摆脱寄人篱下的窘境，谎称自己有大笔财产，处心积虑抢到了周大璋。满以为从此扬眉吐气，孰料，当真相降临，用谎言装点的浮华被撕开后，却是两个人的费尽心机一场空。

如果说《称心如意》让杨绛崭露头角，那么《弄真成假》则奠定了杨绛在戏剧界的地位。

这部剧作一经公演，就在上海戏剧界引起轰动，口碑和人气方面都比《称心如意》更高一筹。

著名评论家柯灵毫不吝啬地称赞："她的《称心如

意》和《弄真成假》是喜剧的双璧，中国话剧库中有数的好作品。"

而原本就对杨绛赞赏有加的李健吾，更是给出了她可与戏剧大师丁西林比肩的评价："假如中国有喜剧，真正的风俗喜剧，从现代中国生活提炼出来的道地喜剧，我不想夸张地说，但是我坚持地说，在现代中国文学里面，《弄真成假》将是第二道里程碑。有人一定嫌我过甚其辞，我们不妨过些年回头来看，是否我的偏见具有正确的预感。第一道里程碑属诸丁西林，人所共知，第二道我将欢欢喜喜地指出，乃是杨绛女士。"

一时间，杨绛从一名岌岌无名的小学教师成为上海滩的金字招牌。人生便是如此，你是无名小辈时，无人问津，你出名了，曾经门可罗雀的门庭，忽然热闹起来。

除了各大报纸的争相报道外，演员们都以能出演杨绛的话剧为荣，联名写感谢信；朋友们寄给她称赞戏剧的剪报……

志同道合的朋友也认识了不少。同样从事戏剧行业的宋淇并没有同行相轻的陋习，反而时常鼓励她。杨绛的剧作一上演，他就大摆筵席；知道钱锺书是个"书虫"，便把家里的藏书借给他。

杨绛还成了剧团的座上宾，只要她去剧场看戏，留给她的，永远是正中间最好的位置。

杨荫杭在看过话剧之后，也很为女儿骄傲。这是他的"四姑娘"，他原本只想让她做一个平安、喜乐的普通人，未曾想过有朝一日她会名震上海滩。

杨荫杭更加没想到的是，时隔六十四年后，这两部剧作如"出土文物"般，有幸作为"纪念中国话剧诞生一百周年"的剧目，被搬上了舞台。

杨绛自己说："杨绛这个名字是用水写的，写完就干了，干了也就没有了。"可是戏剧界没有忘记当年的杨绛。经典的作品就像陈酿，它浓缩了一个时代的百态，它又契合每一个时代，在不同时期，让人品出不同的韵味来。

不论外界给予杨绛何种赞扬，杨绛始终认为自己的作品，只是"学徒的认真习作"。

1944年的夏天，杨绛的三幕喜剧《游戏人间》被著名剧作家姚克搬上了巴黎大戏院的舞台。

有了前两部戏剧的沉淀，按理说杨绛写起《游戏人间》来，更得心应手才是。它在世人眼前亮相时，也确实获得了如潮的掌声与好评，但是，或许是前两部作品起点太高，让杨绛对自己匆匆赶成的剧作很不满意，即使赢得了满堂彩，她也毫不犹豫地毁了它。

她应该是想过要再上一个高度的。这个夏天，她因为过于忙碌，还将圆圆托给七妹妹，让她带着圆圆一同回了苏州老家过暑假。而在这之前，早春时节，杨荫杭听闻美军将对上海实行"地毯式"轰炸，急急忙忙带着大女儿和三女儿全家，避回了苏州庙堂巷的老家。

杨绛不为瑕疵品妥协。亦如《称心如意》和《弄真成假》再版时说："如果说，沦陷在日寇铁蹄下的老百姓不妥协、不屈服就算反抗，不愁苦、不丧气就算坚强，那么这两个戏剧里的几声笑，也算表示我们在漫漫长夜黑暗里始终没有丧失信心，在艰苦的生活里始终保持着乐观的精神。"

杨绛用她细腻的笔触，在歌舞升平的假象背后，划开了一道小小的口子。纵使身处困境，也不忘记本心，现实虽不如戏里圆满，但黑暗总会被黎明前的曙光驱散。

02　灶下之婢

作者的思想情感经过创造，就好比发过酵而酿成了酒；从酒里辨认酿酒的原料，也不容易。我有机缘知道作者的经历，也知道酿成的酒是什么原料，很愿意让读者看看真人实事和虚构的人物情节有多少联系，而且是怎样的联系。

杨绛最受欢迎的时候，"连累"钱锺书不再是钱锺书，而是"杨绛的丈夫"。但即便出名了，她也极大限度地维护钱锺书的尊严。

两个人一起出现的时候，人们常常给予杨绛热情的招呼，而冷落了一旁的钱锺书。一次看戏时，钱锺书又被晾在了一边，回家后，他赌气以后看戏，不再陪杨绛一起去了。

杨绛理解丈夫的心情，没有说什么。但出名后，人际往来是不可避免的。下一次再去看戏时，她不勉强他，还在临走前做好饭，然后一个人出门。

不论是出于对文学的喜爱，还是"想写现代中国某一部分社会、某一类人物"，抑或是对"杨绛的丈夫"这个称呼的不服气，在看完《弄真成假》回去的路上，钱锺书对杨绛说："我想写一部长篇小说。"

杨绛对钱锺书的任何事情一向秉承支持的态度，况且他的才学一向又是叫人仰望的。杨绛还记得："有一次我和他同乘火车从巴黎郊外进城，他忽从口袋里掏出一张纸，上面开列了少女选择丈夫的种种条件，如相貌、年龄、学问、品性、家世等等共十七八项，逼我一一批分数，并排列先后。"

如此锱铢必较的态度让杨绛相信，钱锺书一定能写出精彩的人物，精彩的故事。

对于杨绛的支持，钱锺书有些顾虑重重："平日里要上课，短篇也未完成，我怕没有多余的时间来写长篇。"

杨绛安慰他："不要紧，你可以减少上课的时间。我们的生活很省俭，还可以更省俭。"

杨绛不是说大话，尤其是在家里的女佣辞职后，她用一双柔韧的肩膀，扛起了辣斐德路的小家庭。

在英、法留学时，他们也进过厨房，也烹调过各式餐食。只是那时候是兴之所至，做饭于他们而言，是一种乐趣，一种浪漫，让人甘之如饴。

不似如今，生活只剩下了眼前的苟且。从劈柴到烧火，杨绛都一力承担。她握笔的手攥起笨重的斧头，把粗壮的木柴一根根砍断，一节节劈细，斧头扬起又落下，细嫩的掌心磨出了泡，生出了茧；如获至宝的煤末子也自己动手，掺上煤灰，和上水，压制成一块块的煤饼子；添柴生火的技术不娴熟，常常被熏得眼泪直流，白净的脸也被染成了一道道的花猫胡。

辛苦了一上午，往往才放下斧头，又要拿起菜刀。刀工不济，常常切破了手指，她放进嘴里喝一喝，围裙上擦一擦了事；滚烫的油一个不慎就飞溅到白嫩的胳膊上、眼皮上，留下灰色的疤点。

她还学会了用缝纫机，独自坐在酷热的亭子间里脚踩踏板，给钱锺书和圆圆做衣服，偶尔也应婆婆的请求，帮钱锺书的小弟弟缝缝补补。

雪上加霜的是，圆圆总是生病，刚进学校一个月就病了，怎么也不见好。杨绛不得已，只能给她办休学，在家的日子，除了烦琐的家务之外，还要教导圆圆课业，虽然有婆婆帮忙，但婆婆年事已高，也只能打打下手。

三楼的妯娌看在眼里，夸赞杨绛"上得厅堂，下得厨房；入水能游，出水能跳"。赞美固然好听，可是如果有得选，谁愿意一头扎进煤堆里？那藏在指甲缝里的煤泥，只有搓洗过大堆的衣物，才能洗干净。

从千金闺秀到粗布老妈子，她忍得，也受得，除了本性坚韧以外，无外乎一句心甘情愿。

张爱玲说："喜欢一个人，会低到尘埃里，然后开出花来。"但一厢情愿与两情相悦、能够互相体谅的爱情是大相径庭的。

为了钱锺书的"想法"，杨绛甘做"灶下婢"；为了杨绛能多点休息的时间，钱锺书会悄悄地关起门来洗衣服，并且延续在英国的习惯，每日的早餐亲自打理……

在艰苦卓绝的日子里，最幸福的事，莫过于每天晚上，结束了一日的劳累后，钱锺书兴冲冲地把写好的稿子拿给杨绛看。

她认真地看稿子，他紧张地看她。

如果杨绛笑了，他便也跟着笑；如果杨绛大笑起来，他便也随着她一起大笑。

书里、书外的故事，不必多问，他从她笑成一弯浅月的眼波里便能读出她发笑的缘由。许多年后，杨绛在《钱锺书写〈围城〉》一文里说："作者的思想情感经过创造，就好比发过酵而酿成了酒；从酒里辨认酿酒的原料，也不容易。我有机缘知道作者的经历，也知道酿成的酒是什么原料，很愿意让读者看看真人实事和虚构的人物情节有多少联系，而且是怎样的联系。"

等俩人相对大笑完了，钱锺书便会告诉她，自己下一段的大概内容，杨绛便会急切地等待着，从他酿出的酒里，找寻出原料的蛛丝马迹。

那时，钱锺书的《谈艺录》尚未完成，《围城》虽每天只写五百字，但以其之后获得的荣誉来看，必然耗费了很多的心血。所以，即使是有"立地书橱"之称的钱锺书，也有兼顾不来的时候。他在过三十五岁生日时，有感而发："书癖钻窗蜂未出，诗情绕树鹊难安。"

杨绛又何尝不是如此？她做"灶下婢"的时候，也不忘创作自己的第四部戏剧。动笔前，她想了许久，没有继续写自己拿手的喜剧类型，反而另辟蹊径，尝试悲剧风格。

这出爱情悲剧写的是：

为了远大理想，方景山放弃体面的工作和安逸的生活，带着年迈的母亲和新婚的娇妻沈惠连，走进穷山恶水、恶霸横行、刁民附庸的乡村。可惜他的一腔抱负，不仅害死了母亲，还使自己遭受诬陷，锒铛入狱；惠连在营救他的过程中，爱上了一直鼎力相助的至交好友唐致远。

出狱后的方景山继续凭着自己单薄的力量与乡绅恶霸相抗衡，却屡被迫害。沈惠连心灰意冷，离他而去。沉重的打击让他一蹶不振，正想了此残生时，又发现沈惠连和唐致远同时背叛了自己。在拔枪扭扯中，一声枪响，惠连倒在了血泊中。

这出爱情悲剧，谁都没有错，却谁又都错了。方景山虽心怀大志，却给不了沈惠连想要的安稳；唐致远虽心无大志，却像一座山似的稳重、可靠；惠连虽移情别恋，却坚守本分，不曾越雷池一步。

婚姻关系中，爱是第一位，但又不仅仅只有爱。相互尊重、相互体谅、相互包容，才能让婚姻长久。如果只有一个人不断地付出，另一个人不断地索取，这样的爱情长不成参天大树。

杨绛写完后，拿给钱锺书看。钱锺书大笔一挥，写下"风絮"二字，寓意不切合实际的理想和不对等的爱情，如一朵飘飘扬扬的花絮，随风飞舞。

身处"孤岛"的杨绛和钱锺书，又何尝不是飘零的"风絮"？但上海不会一直是"孤岛"。1945年8月15日，恰逢《风絮》上演前，溅满无数鲜血的"孤岛"终于靠岸了。

李健吾遗憾《风絮》未能上演，于是，在第二年，不仅将《风絮》的剧本发表在自己和郑振铎创办的杂志《文艺复

兴》月刊上，还给了它至高的评价："她第一次在悲剧方面
的尝试，犹如她在喜剧方面的超特成就，显示她的深湛而有
修养的灵魂。"不止如此，他还这样称赞杨绛：

一个清莹的湖

现在

你顺着湖岸

或是泛着小舟往前走

湖水的尽头把一个

更广大也更惊人的天地

给你

于是豁然开朗

到了桃花源

03 舐犊情深

我不是堂吉诃德，我只是你们的爸爸。

1945年3月27日，黄昏，从苏州庙堂巷传来的噩耗，让杨
绛从此再也不是爸爸最疼爱的女儿了。

杨荫杭死了，死于他与杨绛分离的第二年，抗日战争胜利前的暮春时节。

杨绛是在此前一天的黄昏得知爸爸病重的。但想从上海走出去，如蹈水火。火车票难买，好不容易抢到了汽车票，行至太仓时，却路断了，桥没了，日军的飞机在头上盘旋，一车人惊慌失措地又逃回了上海。

还是七妹夫孙令衔想办法，托人买到了火车票。杨绛终于一路奔波，赶回了苏州庙堂巷。

走进"安徐堂"的时候，原本热闹、雅致的大厅，空荡荡的，只停放着一具棺材。爸爸静静地躺在里面，再也无法掀开帐子，得意地说上一句："阿季回来了？"

风把棺材前的白色布幔吹开，露出爸爸的遗像。杨绛再也忍不住，号啕大哭起来。

在失声恸哭里，曾经早已淹没在岁月长河里的童年，忽然如走马灯似的，从时光的阴影里跳出来。

有一年冬天，趁着爸爸午睡的空隙，杨绛和姐姐、弟弟、妹妹们偷偷在火炉里烤年糕，火夹子不小心脱了手，打翻了年糕，"乒乒乓乓"的响声连成一串，吓得他们一溜烟全跑了。事后，爸爸非但没有戳穿他们干的坏事，反而帮着他们善了后，又板起脸来吓唬人。

水缸里的水不耐寒，连着底儿一块儿冻成了冰。他们凿了冰块，想做冰淇淋，怕妈妈反对，便找来爸爸当靠山。

爸爸不但给他们壮胆儿，还在他们失败后出主意。杨绛还记得，屋外的风呼呼地吹着，他们挤在爸爸房间里的火炉旁，一人一口，嫌弃的模样。不过，冰淇淋虽然失败了，"叫花蛋"的味道，却还算成功。

爸爸告诉他们"叫花鸡"的由来，杨绛和弟弟妹妹效仿叫花子偷鸡的法子，偷了一颗鸡蛋，又偷了一些咸菜叶子。菜叶子裹了蛋，涂了泥，再放进柴火堆里烤。冷风胡乱地吹，混着一股腌菜的香气，馋得他们口水直流。扒了泥，扯开菜叶子，剥掉壳，三两口就没了。看着满地的残渣，他们才遗憾爸爸还没尝过"叫花蛋"的滋味呢。

杨绛坐在门槛上，哭着哭着，一会儿想起爸爸收购的陨石，不知道是被谁藏了起来，还是被哪家的博物馆收走了；一会儿又记起爸爸做律师的时候，常常被人赖掉律师费的事情。

上小学那会儿，杨绛有个同学身陷遗产官司，爸爸出面帮她夺回了一千多亩良田，让她从一个穷学生变成了大财主，她却没给爸爸一文钱的律师费。

抗战期间，在来德坊三楼，时隔二十年后，这位大财主浓妆艳抹地又找上爸爸，咨询法律问题。杨绛和姐姐们笑她是"精赤人人"，和《围城》里的鲍小姐一个模样。爸爸却说："她以前年纪小，不懂事，大概觉得惭愧，所以这次来请教，也是想弥补些酬劳吧。"

没承想，这位大财主的谢礼，竟是一碗只有五个的汤团子。杨绛为爸爸抱不平，她嗔嗔着说："那碗汤团子我才吃了两个，还是硬被逼着吃下去的呢。"

爸爸却笑笑，自嘲是"哈鼓鼓"，扭头又继续去研究自己感兴趣的著作了。

1944年早春，他从上海走时，带着许多书。离别本该是悲伤的，可是爸爸却高兴地告诉杨绛："我书题都想定了，就叫《诗骚体韵》，阿季，写好了就传给你。"

活着的人，总想寻着点亡人的遗物，以作念想。杨绛含着泪，咽着灰尘，一遍又一遍地翻着整座宅子，整个屋子，整个柜子，整个抽屉，也没有找到这部手稿。

明明他答应过，要送给她的。如今，却如同她再也找不到爸爸的身影那般，遍寻不着了。

最终能为爸爸做的，便是像小时候那样，给爸爸泡一碗酽酽的盖碗茶，然后，痛哭流涕地送爸爸一程，让他与妈妈"生同寝、死同穴"，"从此和山岩树木一起，安静地随着地球运转"。

或许是出于对没有保护好爸爸手稿的遗憾，吊唁了爸爸回上海后的某一天，日本宪兵为了抓获一个名为"杨绛"的人，找上了她，她第一反应是迅速跑上楼，把钱锺书的手稿《谈艺录》藏好。那一刻，她忘记了日本人残暴，忘记了自己很可能随时丧命。

后来回想起那个惊心动魄的上午，她却只暗自庆幸自己保护好了钱锺书的学术心血。

为此，她梦里的爸爸总是和那部《诗骚体韵》一同出现，梦中的她对爸爸说："爸爸，假如你和我同样年龄，《诗骚体韵》准可以写成出版。"

梦里的爸爸却虎着脸，反问她："我只求出版自己几部著作吗？"

那时杨绛还不懂一个父亲最大的幸福是什么，她在读了《堂吉诃德》后，代替爸爸感伤地说道："我不是堂吉诃德，我只是《诗骚体韵》的作者。"

1947年冬天，爸爸亡故留下的伤痛还未痊愈，圆圆又生了一场重病。医书上说："结核发在骨节或骨空处，难痊。"

圆圆懂事，哭着道歉："我要害死你们了。"

杨绛抑制住莫大的悲痛，安慰圆圆："你挑了好时候，现在不怕生病了，你只要好好地休息补养，就会好的。"

背过身，杨绛想起医生的话："得了骨结核这种病，往往开始转到脚部，再转移到头部，孩子就夭折了。"

血浓于水，已经失去了父母的杨绛，绝承受不了再失去女儿的悲痛。

她听从医生的指示，让圆圆卧床休养，除每日照顾她按时服用药物之外，还要到处翻看哪些东西吃了能补身子，然后做给圆圆吃。不能冷了，容易感冒；不能热了，要出痱子。尽心尽力，亲力亲为。

钱锺书虽然工作很忙，但下了班回到家，也会摸出书本来，绘声绘色地讲故事给圆圆听。

十个月后，圆圆终于痊愈了。医生说是运气好，其实哪来那么多好运气？全靠杨绛任劳任怨的爱女之心和精心养护。

或许这时候她有所感悟，只是，直到若干年后圆圆离她而去后，她才深刻地体悟到爸爸的心情，才能够替爸爸说一句："我不是堂吉诃德，我只是你们的爸爸。"

第六章

浴火凤麟最清华

01　水木清华

我们是文化人，爱祖国的文化，爱祖国的文字，爱祖国的语言。一句话，我们是倔强的中国老百姓，不愿做外国人。

杨绛和钱锺书搬进蒲石路蒲园。

1949年5月27日，凌晨，夫妇俩和圆圆趴在地板上，听了一夜的雨声、枪声、嘶喊声，而后陷入一阵胆战心惊的沉寂中，三人你看看我，我看看你，又不时地互相摇摇头。

每一扇窗户后面，都藏着探究的目光和紧张的呼吸。直到一声号角，划破天际。

窗外，天亮了。

解放了。

他们发现这次打进来的这群人不跋扈，不嚣张，反而腼腆而淳朴。他们不入户，睡马路，得知杨绛和钱锺书要去清华大学任教后，还帮着买了火车的软卧票……

杨绛感慨道："我们如要逃跑，不是无路可走。可是一个人在紧要关头，决定他何去何从的，也许总是他最基本的感情。我们从来不唱爱国调，非但不唱，还不爱听。但我们不愿逃跑，只是不愿去父母之邦，撇不开自家人。我国是国耻重重的弱国，跑出去仰人鼻息，做二等公民，我们不愿意。我们是文化人，爱祖国的文化，爱祖国的文字，爱祖国的语言。一句话，我们是倔强的中国老百姓，不愿做外国人。"

出色的学者从未被遗忘，清华大学的吴晗伸出橄榄枝时，钱锺书想到积劳成疾、整日病恹恹的杨绛，他说："换换空气吧，也许换了地方，你的病就好了。"

八月末的火车上，两个倔强的老百姓，牵着圆圆，圆圆抱着心爱的洋娃娃，洋娃娃的肚子里，藏着几两杨绛用法币换来的黄金，一家人满怀期待地踏进了水木清华。

时隔十四载，眼前的清华大学虽早已不复记忆中的模样，但是物质上的厚待，让飘摇的杨绛，有了一种久违的踏实感。

清华大学重才，为钱锺书开了三门课——"大二英文""西洋文学史"和"经典文学之哲学"，他的薪资待遇是同辈中最高的，在校务会议上也占有一席之地。

比起丈夫的待遇，杨绛稍逊一筹。不是清华大学不重视，而是因为清华大学有规定，夫妻不能同时在学校做专任教授。

杨绛退而求其次，做了兼职教授。不仅是因为她心里从来都把钱锺书放在首位，还因为自钱锺书写《围城》开始，她日日夜夜做"灶下婢"；后来圆圆生病，她又夜以继日地照顾圆圆。圆圆病愈后，她却病得一发不可收拾——日渐消瘦的同时，低烧不退，整日萎靡不振，也查不到病因。

她教授"英国小说选读"，工资按钟点计算，杨绛自称是"散工"。但散工最大的好处在于可以躲开许多会议，她那时候病得不算轻，从分配给他们住的新林院宿舍到开会的三院，只一里长的路，常常也会走得气喘吁吁。

只兼职授课，多了闲暇的时间，她正好可以养病。

办好入职手续后，脱离了"贫与病"的小家庭也算安定了，当务之急是为圆圆安排入校事宜。

杨绛看中了清华附中，去报名时，却因年纪不够大被学校的规定拦在了门外。圆圆长大了。清华附中要求她必须重新入读初一课程，但她在上海已读完了一年级，这无异于浪费时间。

一家三口本是带着美好的憧憬而来的，虽然未尽如人意，但也不算失望。

换了新环境后，得了一只刚断奶的小郎猫，抱在怀里软乎乎的，全家都很宠爱，帮佣李妈还给它取了个名字叫"花花儿"；以前在清华大学的老师温德先生邀请他们去家里听音乐，总是挑出杨绛喜爱的唱片；另外盛澄华、袁震这些好朋友也都齐聚清华大学，闲暇的时候，串串门，聊聊天，杨绛的身体眼见着好了起来。

精力充沛的闲暇时光，杨绛不愿它从指间溜走，她抓住每一分每一秒，沉浸在书本的乐趣里。

一次，她随手翻开了英译的西班牙名著《托梅斯河上的小拉撒路》，被书中的故事吸引，按捺不住地拿起笔，想要把这个故事分享出来：孤苦无依的主人公原本只是一个天真的孩子，但为了活下去，他在一个又一个或装模作样，或故弄玄虚，或道貌岸然的主人手底下讨生活，看透了他们的虚伪与肮脏。

杨绛说："唯有身处卑微的人，最有机缘看到世态人情的真相。"她将译作取名为《小癞子》，通过小癞子的眼和嘴，撕开了华美衣袍下藏着的令人作呕的虱子，只不过最终他也穿上了皇帝的新衣。

杨绛不愿流于世俗，在清华大学校园里，放眼望去，一道道身着列宁服的婀娜风景里，杨绛仍然穿着旗袍，撑着一把小洋伞，被取笑了，也只是一笑而过。

对待女儿也是如此。她和钱锺书商量后，给阿圆办了休学，她觉得与其浪费时间重新学习一遍早已学过的课程，和参加大大小小数不清的"中学生会议"，还不如待家里养精蓄锐。

至于学业，像当年她在牛津大学旁听时那样，她买回了初二和初三的课本，给阿圆也梳理了一套并不严格的课表：每天练习两页墨笔字；由杨绛亲自教授数学、化学、物理；学习英文文法并作练习，熟读英文课文一篇，每周写中、英文作文各一篇，由爸爸亲自批改。

这在阿圆看来是很轻松的学习任务，完成每日的学习后，剩下的时间，杨绛交给她自由支配。

初到清华大学，阿圆对一切都充满了好奇。她像杨绛和钱锺书初到牛津那般到处探险：承载光荣历史而又朴实的大礼堂，爸爸和妈妈一见钟情的古月堂，见证了他们定情的工字厅……走累了，又遇见了他们也曾花前月下的那片荷塘，不远处，撞钟人拉起木桩，撞向铜钟，悠悠的钟声仿佛穿越时光而来。

灰楼的音乐堂是令阿圆最为惊喜的"桃花源"。她看见空着的琴房，便钻进去练习，一下子就喜欢上了指尖在黑白琴键上的舞蹈，迷醉在了动听的音符里。

阿圆童真的眼里，世界上最美丽的地方，从此便是"水木清华"了。

在发现每月花一元钱便可每天练琴一小时后，弹奏钢琴的乐趣，渐渐取代了枯燥的功课。她投机取巧地翻出爸爸之前没有批改过的作业充数，第一次侥幸过关，第二次也糊弄过去，第三次被抓个正着。

教女心切的钱锺书震怒了，指着她痛斥："小小年纪就学会了弄虚作假，这是品德败坏！"

饶是如此，他并不曾像父亲钱基博那样，奉行"揍一揍就打通任督二脉"的棍棒式教育。父亲对女儿总是多了点怜惜，他在盛怒之下，也只是气冲冲地撕了英文语法书，并威吓道："我再也不教你读书了！"

在教育上杨绛和钱锺书统一战线，把心疼藏在心底，给予了阿圆严厉的批评，并责令她："把书补好，以后不许再犯浑了！"

不需要谁的苦口婆心，从那以后，阿圆再也不敢了。每天认认真真做完功课后，还能帮着爸爸做登记学生分数之类的杂事。

她心细又乖巧，登记的过程中，发现了严肃的爸爸注意不到的事，就像发现了秘密一般，总会悄悄地讲给妈妈听——有两张卷子上的笔迹是与众不同的紫墨水，而这两个人，之后果然终成眷属了。

阿圆不仅是爸爸的好助手，也是妈妈的"小棉袄"。

1950年，钱锺书在好友乔冠华的介绍下，被借调往城里做翻译工作。平时在城里，周末才能回校团聚。

他临走前，嘱咐阿圆："妈妈身体不好，你要好好照管妈妈。"

阿圆点头答应，并很负责任地执行。雪夜里，阿圆一个人把煤球里的猫屎抠干净，指头被冻得通红；生着病，还惦记着妈妈要去温德先生家听音乐；代数题做起来烦琐，妈妈偷懒，她拿了参考书自己对照着学习……

所有的成功都不是凭空而来的，1951年的秋天，阿圆以代数满分的成绩，被贝满女中录取。

02 浮生半日

别人看不见我，我甘心当个"零"，这样，我就可以追求自由，张扬个性。

1952年秋天，水木清华的雷雨天，眼看着惊雷止、雨渐小，又因雷厉风行的院系调整，染上了一层阴霾霾的白雾。

杨绛不能再教书了，要离开阿圆眼中"世界上最好的地方"了，还被限期搬家，她也只当是像初来时那般，换个环境，去看蔚蓝的天空，吹金色的风，种绿色的柳，踩白茫茫的雪。

新北大的中关园宿舍，房子不大，但放置七妹妹送的红木几和两只红木凳正合适；蒋恩钿夫妇送来的屏风，隔出一间小小的书房——被钱锺书取名为"容安馆"，再装点几盆兰花和檐葡海棠也别有一番意趣；温德先生挖来几株花卉，颜色正好，用来装饰贫瘠的院子；中关园新建，还缺点盎然的绿色，杨绛带着阿圆到附近的果园里买回五棵柳树，种在门前……

家虽小，却也是个家了。唯一的遗憾是"花花儿"恋旧，到新家才三天就跑丢了，钱锺书为此还作了首诗怀念它："音书人事本萧条，广论何心续孝标。应是有情无着处，春风蛱蝶忆儿猫。"

"花花儿"一走，平日家里便只剩下杨绛一人。虽然和钱锺书一同被分到了"文学研究所外文组"，但钱锺书在城里的工作尚未完结，还留在城里，而阿圆也在城里念书。

杨绛独自在家的日子里，记起阿圆生病时，钱锺书为阿圆读的法文小说《Gil Blas》，便开始着手翻译，一来聊以慰藉，二来翻译完《小癞子》后，她也怕法文生疏了。

聚少离多的日子，周末便成了少有的温馨时刻。他们常常一起到颐和园的后山散步，看一看风景，说一说体己话；或者走进动物园，体验简单而又纯粹的热闹；又或者只待在"容安馆"里，相对着读书、喝茶。

钱锺书用十二首《容安室休沐杂咏》，记录下了这美好的周末时光。

如"翛然凤尾拂阶长，檐卜花开亦道场。楚楚最怜肠断草，春人憔悴对秋娘。"再如"如闻车马亦惊猜，政用此时持事来。争得低头向暗壁，万千呼唤不能回。"又如"醇酒醉人春气味，酥油委地懒形模。日迟身困差无客，午枕犹堪了睡迟。"

除此之外，钱锺书的心思全都放在了翻译工作和读书上。比如对于成语"吃一堑，长一智"的翻译，在哲学家金岳霖看来是个难题，钱锺书却能一语道破："A fall into pit, A gain in your wit"。钱锺书往往在结束了一日的工作之后，去逛书店，不接受任何宴请。

那时候，他不知道，因为形势，杨绛被排挤在外；《西洋文学史》的编写人员里，也没有杨绛的一席之位；杨绛翻译的小说《Gil Blas》，也差点被叫停，好在最后没有半途而废……

当时杨绛所受的种种委屈，每一种都委屈之极。可是杨绛却亲手给自己穿上"隐身衣"，她说："别人看不见我，我甘心当个'零'，这样，我就可以追求自由，张扬个性。"

杨绛喜欢读书，便常去老燕京图书馆借书。很多书是老式装订，一大张纸折叠着订在一起，带回家后，阿圆帮着她一一裁开。阿圆喜欢弹琴，又苦于中关园没有琴室，杨绛便给她买了一架钢琴。

阿圆弹琴的时候，杨绛便伴着琴声，或读书，或翻译小说《Gil Blas》。

尤其在阿圆身体不好，休学在家的时候，杨绛再也顾不上别人的冷眼。一边照顾着阿圆，一边做着自己喜欢的事。在后来得知阿圆的学校改英语为俄语后，她到处打听，最终聘请了一位清华大学的白俄罗斯教授夫人帮阿圆补习。

阿圆随爸爸，四个月便跟上欠了四年半的俄语课程，她还用英文写了一篇《我的俄语老师》，周末爸爸回来的时候，拿给他批阅。

1954年春天，阿圆复学。这年底，钱锺书等人完成了翻译工作，终于可以回到他们的"容安馆"团聚了。

但生活中常有意外发生，钱锺书虽分配到了外文组，却因为一年多未在组内，外文组现如今已经满员了，再腾不出位置给他。没办法，钱锺书被调到了古典文学组，选注宋词。

钱锺书深感委屈："我在大学里学的是外国文学，教的也是外国文学，从清华大学调到文研所，也分到了外文组，现在让我去古典文学组，我也不是科班出身啊。"

杨绛安慰他："这也是郑振铎先生的一片良苦用心。"

钱锺书又岂会不懂？他只是心中苦闷，对她发发牢骚而已。过后，他加入古典文学组，兢兢业业地投入《宋诗选注》的工作。当时没有现成的《全宋诗》做参考，杨绛就陪着他这家书店跑跑，那家书店问问，有时候这儿发现一首，那儿看到一首，便抄下来。他没有助手，做什么都是一个人，如此枯燥乏味的工作，幸好身边有杨绛陪伴和商讨。

回到文研所后，俩人同进同出，钱锺书终于发现了杨绛所受的委屈。她活在人群中，却不被人看见。

钱锺书升为一级研究员时，杨绛还在三级未动。他为她抱不平，她却反过来安慰他。

《天鹅湖》的演出，只有钱锺书的票，他想也未想，拒绝出席；五一活动，钱锺书有席位，杨绛没有，他便也不参加了。

爱情最好的模样，不是一束鲜花，不是每日的早安吻，不是生日时的惊喜，而是风雨兼程，陪爱人一起度过，与爱人共进退。

温柔的"钱先生"，可以在爱情里对"钱太太"呵护有加，但在做学问上，他一点也不"怜香惜玉"，反而斤斤计较。

杨绛终于把四十多万字的《Gil Blas》翻译完了，中文名译作《吉尔·布拉斯》。结集出版前，她让钱锺书帮自己再校对一遍。

钱锺书点点头，拿起一支铅笔，仔仔细细地看，认认真真地校对。他的笔尖，在杨绛誊写的稿纸上飞舞——只见满篇的斜杠，丝毫没有手下留情。

杨绛心疼地提醒他："轻点轻点，划破了稿纸，我还得重新誊写。"

钱锺书固执地摇摇头："我不懂。"

杨绛急切地解释："书上就是这么说的。"

钱锺书强调："我不懂。"

钱锺书曾带学生逛一家书店，自负地告诉学生，从那家书店里随便拿出一本书来，都是他读过的。学生不信，专挑冷僻的书出来，结果钱锺书总能叫他们佩服。

他为文研所采买图书，凡是买过的书，他全都记得，开书单时，从不会重复，书的位置也从不会记错。

《吉尔·布拉斯》的原著，想必他早已拜读过了，对书中内容也早已牢记于心。

杨绛见稿纸被他划破了，忙把稿子从他手里抢出来："知道了知道了，你是嫌我没有翻译好，我试试重新翻译就是了。"

杨绛翻译的时候，注释总是做得很详尽。她总为别人着想，翻译也总站在读者的角度，怕读者不懂，她为了一个注释，可以把希波克拉底的《古医学》从头到尾通读一遍。

许久后，杨绛将重新翻译后的稿子拿给钱锺书，钱锺书看后才满意地点了点头。但他也并非真的不近人情，毕竟，译稿的是自己最亲近的爱人。

杨绛的译作里有很多关于哲学和文艺理论的注释，那都是钱锺书一字一句写的。

她说："那是很好的注，不知道读者能不能注意到呢？"

　　或许，这是已经步入四十不惑的一对中年夫妻之间小小的浪漫吧。

03　方兴未艾

　　写文章也会上瘾，有话要说就想写。

　　四十岁的时候，杨绛以为自己老了。

　　文研所后招的年轻人，锐气勃发，满脑子新思想。于是论资排辈，从旧社会走出来的杨绛和钱锺书便成了"老先生"了。

　　阿圆学习好，年年"三好学生"榜上有名。阿圆是外公钱基博口中的一颗"读书种子"，阿圆大了，要长成怎样的花草植被，该由她自己选择，自己决定。

　　阿圆考大学，报考了北京师范大学俄语系，她自豪而又无限向往地说出她的志愿："我要做教师里的尖兵。"

　　杨绛和钱锺书没有勉强女儿一定要成为出名的学者，也没有要求她的成就一定要高过父母。杨绛永远记得，爸爸杨荫杭教导她的"性之所近的，才是最相宜的"。

后来，阿圆当真一辈子站在三尺讲台上，成了"教师队伍里的一名尖兵"。

杨绛和钱锺书也是人生战场上的尖兵。面对四面八方而来的引诱，杨绛坚守本心，告诫钱锺书："请吃饭，能不吃就不吃；情不可却，就只管吃饭不开口说话。"

翻译完《吉尔·布拉斯》后，正值18世纪英国最杰出的小说家菲尔丁逝世两百周年，杨绛写了一篇文章，名为《菲尔丁在小说方面的理论和实践》，结果受到了批评。

同样遭此厄运的还有耗费了钱锺书许多心血的《宋诗选注》。

人非草木，都有要宣泄情绪的时候，杨绛对钱锺书说："我以后再也不写文章了，只好好翻译就可。"

钱锺书笑说："你这是想'借尸还魂'。"

杨绛叹口气说："我不过是想借此'遁身'而已。"

但是于杨绛而言，"写文章也会上瘾，有话要说就想写"。

1959年，杨绛的妹妹阿必在任教之余，翻译了19世纪英国伟大现实主义作家萨克雷的《名利场》。杨绛因为手痒，没忍住，再次拿起笔，为阿必的翻译之作写了一篇序文。

《吉尔·布拉斯》的中文译本问世以后，好评如潮。杨绛的翻译能力也获得了外国古典文学名著丛书编委会的青睐，分派她翻译西班牙作家塞万提斯的长篇反骑士小说《堂吉诃德》。

《堂吉诃德》是西方文学史上第一部现代小说，自1605年首次出版后，深受各阶层喜爱，市面上的译本也较多。

杨绛挑选了两个最好的法译本和三个英译本，对比着通读下来，却发现每个版本都不尽相同，为了精益求精，她决定从原作开始翻译，但是在此之前，轰轰烈烈的"大跃进"打断了她的研究。

"四姑娘"要下乡了。

第七章

繁华落尽见真淳

01　下乡锻造

我在上层是个"零"，和下层关系密切。

20世纪50年代末至60年代初，知识分子下乡运动开始了。

按规定，四十五岁以上的女性可免于下乡，时年四十七岁的杨绛本不在下乡之列，况且她身体虽然养好了，但是底子差，乡野生活也不知道能不能受得住，加上阿圆已经下厂炼钢了，她担心自己这一走，下个月钱锺书再下乡的时候，没有人帮忙置备行李……

杨绛担心这个，操心那个，纠结来纠结去，最终，她还是主动地、自愿地站出来，她自嘲："我动机不纯正。"

从满天飞的消息里，她捕捉到了一个自己在意的消息："哎！你听说了吗？这次下乡，能不能和农民打成一片，是区分你这个人革命不革命的分界线呢。"

杨绛暗想，自己做了许久的"零"，这次倒很想瞧瞧自己究竟革命不革命。

当然，她还好奇北京郊区的天空，好奇土屋茅舍里的生活。她按照三个月所需打包了行李，跟在二十人的队伍里，搭着长途汽车，晃晃悠悠地朝着乡野出发了。

"四姑娘"下乡，才下了长途汽车，就被曲曲折折的山路吓住了。年轻人步子快，一会儿就拐过弯不见了。杨绛扛着铺盖卷，一手提包，一手拿袋，埋头苦追，仍是跟丢了。

所幸山路虽然十八弯，但是曲曲折折只一条，没多远，拐了个弯，又跟上了部队。

休息的空当，正、副队长把二十来人分成了两小队，一队去往稻米之乡，一队驻扎山村。

稻米之乡富庶，而山村贫瘠，杨绛跟着正队长走进山村。

山，是陡峭的山；村，是一眼望得到头的砖瓦、土房；水，来自村东头打的一眼深井；人，有长相酷似蒙娜丽莎的姑娘，也有撑着一支长竹竿、撅着一撮胡子、仰头望天的堂吉诃德式的老者。牛奶、红茶只有梦里才有，村子里只有腌渍的红萝卜、白萝卜和玉米、红薯。

玉米还得自己打。早上八点，领导发给每人一根木棒，送他们到打麦场上。

麦场上，一群老大娘一边砸着玉米棒子，一边说说笑笑话家常。杨绛他们也学着老大娘的样子，各自寻一处玉米堆，席地而坐，挥起棒子，"啪、啪、啪"地打下去，玉米粒儿跳着、蹦着，全怕疼似的四散逃开，剩下一个光秃秃的玉米芯子。

这还没完，还要把四散的玉米粒儿扫成一堆，再用席子盖上。手里的活儿不忙的时候，学捆草——把几茎长草捻成绳子，绕住一堆干草，把绳子两端一扭一塞，就捆好了。杨绛学不会，直发愁。

推独轮车她却能无师自通，把玉米地里去了穗的秸秆和杂草一堆堆地装上车，她还总能把秸秆压得高过自己的脑袋，然后两只手紧紧地握住推车扶手，两脚分开，脚跟使劲儿，上一个坡，拐一个弯，再下一个坡，车还稳稳当当，不会翻。

初来乍到，公社分给他们的活儿轻松不重，再加上受好奇心驱使，大伙儿学着用小洋刀切掉萝卜缨子、挖掉长芽的地方，再一趟又一趟地搬进地窖里，无一不是兴致勃勃。

晚上睡在用白棉纸糊窗的空房里，烧了煤，生上火，便是一个家。可终归不是家。夜里闹肚子，没有热水，厕所远在半条街后的小学后门。

女伴睡得正酣，杨绛从上铺重重地爬下去，本想吵醒她，但见她纹丝未动，便不忍心吵她了。杨绛拿着手电筒，硬着头皮，壮着胆子，想着独自走一遭夜路，岂料被大门上一把严实的大锁挡住了去路。

寂静无声的夜里，杨绛学猫刨坑如厕，想来也算是茶余饭后的一种笑谈了吧。

时间久了，杨绛他们开始想念家里的早餐，家里的床，还有家里的人。

与杨绛同屋的女伴，夜里悄悄地探过头来，低声问："你想不想你的老头儿？"

杨绛也压低了声音："想。"又问，"你想不想你的老头儿？"

女伴斩钉截铁地说："想啊！"

俩人钻进被窝里，只露出个头，相互看着，傻笑着。杨绛想念钱锺书的时候，就偷偷地把钱锺书写给她的信掏出来，读一读，看一看，末了再装回贴身的衣兜里。

钱锺书把担心、关心和思念，写成小小的、密密麻麻的字，铺满两三张纸，几乎一天一封。杨绛收到信的时候，总会引来旁人羡慕的眼光。这是她的精神食粮，于是她总把信去掉信封，折上几折，揣满了全身上下凡是能藏信的地方，直到再也装不下为止。

她舍不得将钱锺书"一辈子写得最好的情书"喂给无情的火，可还是硬着心肠，将"以离思而论，行者每不如居者之笃""惆怅独归，其情更凄戚于踽凉长往也""此间百凡如故，我仍留而君已去耳。行行生别离，去者不如留者神伤之甚也"等等情书，一把火，烧成灰烬。

杨绛下乡一个月后，钱锺书也到了昌黎乡下。比起杨绛干的活儿，钱锺书的待遇就差得不是一丁半点儿。

昌黎原本是富庶之地，但"三年困难时期"后，杨绛还有白薯块儿可吃，钱锺书却只能将发霉的白薯干磨成粉后掺进玉米面里，揉成窝窝头吃了，这种窝窝头吃进嘴里有一股子苦味儿。

杨绛从他的来信里得知他还要天天捣粪，心想这位旧时代的大少爷可谓是尝尽了苦头。可是心疼也没用。

杨绛在同事和老乡间得了好口碑。吃饭的时候，原本有干部食堂，伙食比农民食堂的规格高了许多——有炒菜、米饭还有汤，杨绛却和大家一起加入到了农民食堂里，和老乡们一起吃饭。"蒙娜丽莎"的爸爸总驼着背干咳嗽，杨绛听他咳得难受，便把自己带下乡的两瓶鱼肝油丸全送给了他；"蒙娜丽莎"的妹妹脑门着地，磕了一个大窟窿，和着血和泥糊了满脸，可她家连一块儿裹伤的破布条儿都没有，杨绛见了心疼，幸好下乡来带着医药品，于是给她洗了伤口，然后敷药包扎。

杨绛善于倾听，而又从不多嘴。老乡们有什么牢骚也乐于朝她诉说。"堂吉诃德"剃掉胡子，理了发，原来是个清秀的青壮年。他只肯对杨绛说悄悄话，他指着食堂左右高大的瓦房和院子里的猪，告诉杨绛："这原先都是我家的。"杨绛在打麦场上打瞌睡，脸色苍白的中年寡妇坐过来，说了一番莫名其妙的话，杨绛也只是静静地听着，不打断，也不反驳，想来她也只是发泄一番。

所以原定三个月的下乡，缩短到两个月要走的时候，"蒙娜丽莎"牵着妹妹送了他们一程又一程，直到把他们送到能送的最远的地方，挥着手，嘴里喊着："想着我们哪！"

留在那里的，或许一辈子都无法走出去；来了又离开了的，或许永远不会再回去了。但一同经历过的种种，会存在记忆里，时不时拿出来缅怀一番。杨绛直到年老后，也不曾忘记答应过他们的，想着他们呢。

结队回北京的车厢里拥挤不堪，可杨绛的心里美滋滋的。这一趟，她不仅得到了老乡们的喜爱，也得到了队长对她的赞扬："杨绛能和老乡们打成一片。"

无论别人是怎样不以为然，这都是能令杨绛得意的事，她说："我觉得自己和农民之间，没什么打不通的；如果我生在他们村里，我就是他们中间的一个。我下乡前的好奇心，就这样'自以为是''自得其乐'地算是满足了。"

她到火车站去接回家的钱锺书时，不无得意地告诉他："我在上层是个'零'，和下层关系密切。"

钱锺书下乡一趟，回家带了许多在北京买不到的肥皂和当地盛产的蜜饯果脯。

02　风雨欲来

乌云蔽天的岁月是不堪回首的，可是停留在我记忆里不易磨灭的，倒是那一道含蕴着光和热的金边。

1958年12月底，杨绛回到了5月份才新搬进的东四头条一号文研所宿舍，继续从事翻译的工作，《堂吉诃德》被提上了日程。

但是，原作是西班牙语，要从"目不识丁"到通读原文，学起来不是一朝一夕的事。

下乡刚一回来，她便买来西班牙语入门书，然后每天规定好时间：背生字，做习题。

自律的人从不害怕失败。不过，人不是机器，也会有不自信的时候。

一次和钱锺书在林荫间散步，她问："我读西班牙文，口音不准，我能翻译西班牙文吗？"

钱锺书反问："翻译咱们中国经典的译者，能说中国话吗？"

至此，杨绛安心把《堂吉诃德》当作研究项目，不但读作者的其他著作，还在各个图书馆穿梭，只为遍读有关作者的所有图书。

在此期间，最令杨绛和钱锺书忧心的事，是阿圆要毕业了。人一旦有了"老"的趋势，便总想儿女能够承欢膝下。

阿圆上了大学后，因为学校活动多，便不能常常回家，杨绛总担心毕业分配后，"女儿就流失到不知什么地方去了"。

也不知哪里来的运气，阿圆被留校任教了。女儿能永远留在身边了，俩人都很高兴。1962年的8月14日，他们又搬了一次家，乔迁到干面胡同。这次空间大了许多，他们还购置了许多家具，住得舒坦了许多。

这是一段快乐的日子，一个月的工资有好几百，下馆子自然也成了家常便饭。

阿圆的工资很少，于是，下班后，三个人总是走街串巷地找馆子，这家吃吃，那家喝喝，间或看看人生百态，好不快活。

阿圆支教的时候，杨绛也没闲着。1963年，妹妹阿必生病了，杨绛到上海看望阿必后，拜访了傅雷。

她把自己在翻译中遇到的问题，拿出来和傅雷探讨。她说："有个问题常在我心上而没谈，我最厌恶翻译的名字佶屈聱牙，而且和原文的字音并不相近，曾想大胆创新，把洋名一概中国化，历史、地理上的专门名字也加简缩，另作'引得'或加注。"

傅雷直言："不行。"

至于为什么不行，傅雷没有多加解释，翌年杨绛再到上海时，却因匆忙，两人未能相见，这一次会面，竟成了永别。

不过也因为傅雷的影响，杨绛在翻译上更加精益求精。翻译完《堂吉诃德》后，她又将《小癞子》重新翻译了一遍，发现文中小癞子偷吃的香肠，在英文和法文的译本里译作"黑香肠"，从西班牙文翻译，却是"倒霉的香肠"。

阿圆从山西支教回来了，一家人终于又团聚了。并且阿圆因为表现出色，入党了。

1966年，杨绛从文研所的"正研"被贬成了"所长"——专职刷洗办公楼的两间女厕所，而钱锺书则被赶去扫院子。

文研所有几人联名贴出大字报，他们声讨钱锺书。

杨绛不服，得知消息后，和钱锺书一起写了份澄清的小字报，拿着糨糊，握着手电筒，摸黑贴在大字报底下。他们只想要一个清白。

1966年的8月27日，《堂吉诃德》被打成了"黑稿子"，杨绛被迫将已经翻译了四分之三的翻译稿交了出去。

文研所的厕所污秽不堪，杨绛却坦然接受"所长"的工作。

她用小铲子、小刀子把瓷砖铺成的地面和墙面上的污垢抠掉、铲平整；又用竹筷和布条做成的小拖把，蘸些去污粉，大力地拖干净；厕所的门窗板壁用混了肥皂的毛巾一遍遍地擦洗，直到焕然一新才作罢；她还时常记得给厕所开窗通风，保证厕所里空气流通，没有异味儿。

乐观、淡定的人，纵使处在最悲惨的境遇，也能像对待翻译工作那般精益求精、尽心竭力。

杨绛打扫完卫生，常常偷空打会儿瞌睡，或者冥想，或者背诵一些喜爱的诗词。有时背着背着忘记了下文，便跑进厕所里，拿出前一晚偷偷抄写的字条，温习几遍，再接着背诵。

乐观的心态，总能给人希望。

杨绛家的阿姨"顺姐"也被人起着哄写杨绛的大字报，但"顺姐"举出种种原因，拒绝道："写别的太太都可以，就这个太太我不能写。"

"顺姐"还安慰杨绛："到这时候，你就知道谁是好人、谁是坏人了。不过，还是好人多呢。"

杨绛一直记得顺姐说的这句"好人多呢"，她还记得好人老王。

先前，钱锺书患了腿疾，一条腿无法走路了，杨绛急急地搀着他，被她之前经常搭乘的三轮车的车主老王送到了医院。

老王不肯收车费，还帮忙把钱锺书扶下车，他说："我送钱先生看病，不要钱。"

杨绛不肯，两个人推搡来推搡去，老王哑着嗓子，担心地问她："你还有钱吗？"

老王人又老，眼还坏了一只，孤苦无依，只靠一辆破旧的三轮车活着。

后来，杨绛和钱锺书从干校回来，他拖着病体，来送东西。杨绛在《老王》里是这样形容他的："他面如死灰，两只眼上都结着一层翳，分不清哪一只瞎，哪一只不瞎。说得可笑些，他简直像棺材里倒出来的，就像我想象里的僵尸，骷髅上绷着一层枯黄的干皮，打上一棍就会散成一堆白骨。"

即便生命在一步步枯竭，老王也要在死神来临之前，把最"好"的香油和最"大"的鸡蛋送给杨绛和钱锺书。

杨绛记得老王，记得他的三轮车，记得他送来的好香油和大鸡蛋，将他写进了文章里，被更多的人看到。

杨绛后来回忆说："乌云蔽天的岁月是不堪回首的，可是停留在我记忆里不易磨灭的，倒是那一道含蕴着光和热的金边。"

03 菜园寄情

既然是自己的选择，而且不是盲目的选择，到此也就死心塌地，不再生妄想。

1969年11月17日，还差四天便满五十九周岁的钱锺书，又来到了偏远、荒芜的河南罗山，并且要带上户口迁移证，归期不定，或未有期。

临行前，他和杨绛吃了一碗砂锅鸡块践行，却食不下咽。

唯一能做的，就是把能想到的书本、衣物、铺盖卷等统统背上身。

留守的杨绛没想到，钱锺书等人到达罗山后，因罗山土地贫瘠，不易耕种，又坐着卡车，晃晃荡荡地辗转到了息县的东岳公社。

息县的东岳公社环境不比罗山强多少。起初，他们被安排在公社轧花厂的仓库里打通铺，后来轧花厂仓库被征用，一群人便寄居到了农舍。时值冬日，煤炭稀缺，凛冽的寒风吹伤了许多人的脸，一坨坨的冻疮煞是碍眼，衣服要跑到水塘边蹲着洗。

据当年家住息县的村委会主任罗耀先老先生回忆："和这些知识分子接触，让我感到很是震惊，他们除了会研究学问外，几乎什么活计都不会干。他们不会做饭，不会从井中打水，不会脱坯盖房，不会干农活，甚至认不出小麦、黄豆、芝麻、花生这些长在地里的庄稼……在我记忆里比较深刻的还有一点，这些知识分子很少在社员的厕所里解手，多是在田野里没人的地方就地方便，也许是他们受不了农村旱厕那种臭味所熏的缘故吧。"

　　住在农舍不是长久之计，杨绛在北京挖防空洞的时候，钱锺书也在生产队长的指导下，开始自己动手脱坯盖房。知识分子们虽然下过乡，体验过田间劳动，钱锺书甚至捣过大粪，但是建造屋舍这种重体力劳动，往往干上一天，收工时连饭都懒得张嘴吃，倒在铺上就呼呼大睡。

　　钱锺书在这样的环境里苦苦等来了杨绛，这时距离他们分别，已经过去了八个月。可是因为分属不同的连队，俩人未能住在一处。他们虽然都在息县，却也只能书信往来，到了休息日才能相见。

　　杨绛甫一见到钱锺书，就惊奇地发现他简直换了个人——黑黑的，瘦瘦的，右下颌顶着一个灌了脓的毒疮。

　　她吃惊地问："啊呀，这是个疽吧？得用热敷。"

　　当了几个月锅炉师傅的钱锺书解释："我之前生过一个同样的外疹，不过因祸得福，不用烧锅炉了。"现在钱锺书做的是相对轻松的工作，白天看管工具，一进一出间，只需做好登记便可，晚上同别人轮值巡夜，专职是通信员，每天下午到村子里的邮电所领报纸、信件、包裹等，回连分发即可。

　　杨绛初来，分在了菜园班。虽然不是多么繁重的活儿，但是前期的开垦着实费了老大力气。

干校位于淮河边上，却连续干旱了两年，用拖拉机耕过一遍后，土地仍是大块大块的土坷垃。要达成播种的条件，必须引水入园。

于是，班组决定自己凿一眼灌园的井。五十九岁的杨绛，挥舞着笔杆，能写出不朽的文字；抡起手中的铁锹，使出吃奶的力气，也无法将硬邦邦的土坷垃敲碎。

钱锺书看管工具。菜园所用的工具，班长总派杨绛去领。一借一还间，两人仿佛回到了在清华大学读书时懵懂的初恋时光。

作为全连最年老的女性，杨绛锄不动地，却脚步快，能帮着壮劳力来回领取凿井工具；提不动灌满泥的土，却能把四处乱淌的泥浆铲归一处；小道崎岖，把控不住推车，但平坦路上总能推一推；壮劳力们终于挖出了水，她能抱着酒坛子跑二里路买烧酒和糖块慰劳他们……

杨绛在脱了鞋袜，踩进以前总觉得肮脏的污泥里后，感受到了一种久违的集体感。她形容这种久违的合群感，甚至超越了合写一篇文章的得心应手。

她在这种逐渐增强的集体感中，慢慢地学会了种菜、沤肥。不多久，一洼洼的菜畦绿了，茂盛了，颇有一种陆放翁诗词里"菜把青青间药苗"的田园美景。

钱锺书所去的邮电所在菜园的东南方。于是，菜园子成了每天的必经之地，午后成了俩人最期盼的时间。

钱锺书沿着小溪，深一脚、浅一脚地走来，杨绛身边有人的时候，他站在溪边，朝着她挥挥手，俩人隔溪遥望几眼，呼应几句；杨绛一个人的时候，他便在回程时，跨过小溪，陪她在菜园里散散步，说说话。

晴朗的日子，他们坐在灌水的渠岸边晒太阳，和收养的小黄狗"小趋"你走我追；大雪天的黄昏，两人的背影，在白茫茫的天地里渐行渐远；大年夜里，不喝酒的两人，和醉了酒的人一起陶然忘忧；两人生日的时候，躲起来开一罐红烧鸡罐头，祝自己生日快乐……

两年的时光是漫长的，也是短暂的。在这两年中，杨绛很多次问自己，是不是国外的月亮比较圆呢？她也常常不期然地想起解放前，许多人去了海外，明明她和钱锺书也可以，却偏偏选择留下来。

钱锺书到菜园子来看她的时候，杨绛忍不住问："默存，你悔不悔当初留下不走？"

钱锺书想也未想，脱口而出："时光倒流，我还是照老样。"

躁动的心，忽然就平静了下来。

是的，杨绛怎么忘了，当初选择留下来，只是舍不得脚下的这片黄土。纵使她千疮百孔，可这片大地孕育了无数中华儿女，承载了数不清的渴望与期盼，只要她在，家就在。

如今，也只是更加坚定，杨绛说："既然是自己的选择，而且不是盲目的选择，到此也就死心塌地，不再生妄想。"

她指着菜园子里的窝棚，问钱锺书："若是给咱们这样一个棚，咱们就住下，行吗？"

钱锺书琢磨了片刻，叹了口气："没有书。"

是啊，对爱书如命的人来说，身体上遭受的苦痛不过是"劳其筋骨，饿其体肤"。牛奶、红茶喝得，咸菜、土豆吃得，高级车坐得，菜棚也住得……独独忍受不了的，是不能读书，是精神世界的空乏，是触及灵魂的鞭笞。

第八章

人间有味是清欢

01 居无定所

三个人同住一房，阿圆不用担心爸爸妈妈受欺负，我们也不用心疼女儿每天挤车往返了。屋子虽然寒冷，我们感到的是温暖。

1972年3月，杨绛和钱锺书终于回到了阔别两年多的北京的家。

回家后，俩人重新拿起了笔。《堂吉诃德》的翻译稿已经回到了杨绛的手中，但因荒废多年，她开始重新翻译。

杨绛记得很清楚，他们雇了一辆三轮车，装上行李，于1973年12月9日下午四点左右到达了阿圆任教的北师大宿舍。

朝北的宿舍，常年缺乏阳光的宠幸，阴潮寒冷。但是邻居们热心地送来诸如锅碗瓢盆、油盐酱醋等生活用品，打扫干净后，煤炉里生上火，一家三口围坐，吃着从食堂买来的饭菜，间或说说话。

杨绛不禁感慨："三个人同住一房，阿圆不用担心爸爸妈妈受欺负，我们也不用心疼女儿每天挤车往返了。屋子虽然寒冷，我们感到的是温暖。"

逼仄的房子，因为一家人的团聚，终于像个家了。在这里，钱锺书和杨绛多得阿圆的朋友、同事照顾。但是天寒地冻，钱锺书连日的着凉感冒总不见好，阿圆有个同事体恤他们不好过冬，将自己准备入住的舒适的小红楼让给了他们。

小红楼里的两间屋子，一间朝南，一间朝东，阳光很充足。搬家的时候，杨绛和阿圆忙进忙出，"拙手笨脚"的钱锺书不愿做甩手掌柜，抢着去扫陈年积土，吸入大量尘土的肺部承受不住，引发了困扰他多年的哮喘。

每次发病，杨绛总是在他身下垫好几个枕头或被子，有时候严重了，睡不着觉，他就满地走。杨绛恐他孤单、难受，也总是连着几夜不睡，陪着他。

起初，她还笑话他是"呼啸山庄"。直到有一天夜里，他的"呼啸"声戛然而止。

人渐渐老去，最怕的是一旦闭上眼，便再没有睁开的机会。钱锺书趴在桌子上，一点声息也没有。

杨绛吓坏了，跳起来去摸他的手，幸好、幸好，他只是许久睡不好，终于累了，浅眠了会儿。他随即捏捏她的手，给她回应，给她安慰。

1974年1月18日下午，是钱锺书哮喘发作最危急的一次。杨绛听到钱锺书的呼啸声和往日不同，急促得快要连续不上，急得左眼球的微血管渗出血来。

幸亏抢救及时，但是由哮喘引发的大脑皮层缺氧硬化无法医治，只能静养。

静养的钱锺书，口齿不清，手脚不灵便，但他仍然躺在椅子里看书，记笔记。字总是歪歪斜斜地飞出格子，一句话也要重复好几遍才听得懂。

在小红楼，杨绛和钱锺书成了邻居小孩子们口中的奶奶、爷爷。杨绛常常同合住的邻居交流烹调经验，小孩子们常常跑进来找爷爷玩，要爷爷抱，对着爷爷笑。

邻居友好，经常安慰她："瞧！他尽对爷爷笑！爷爷的病一定好得快。"

天气回暖后，杨绛不愿总是占着别人的房子，便向文学所申请了一间办公室。1974年5月22日，他们告别了友善和睦的朋友们，搬进了学部七号楼由办公室改造的一室一家。

"愿你以梦为马，随处可栖"，那是少年人的雄心壮志、潇洒不羁。人到花甲之龄，只愿寻一处安稳之所，儿孙绕膝，和重要的人，做喜欢的事，不辜负渐渐流逝的岁月。

从干校回来的两年间，钱锺书和杨绛居无定所，从未停止颠簸。在搬进学部的同一个月里，爱人去世，形单影只的阿圆终于又找到了契合的伴侣。

起初，阿圆对于再婚是抗拒的："妈妈，我不结婚了，我陪着爸爸、妈妈。"

杨绛想起自己去干校时，阿圆去火车站相送，临别时，她看着阿圆踽踽独归的背影，由此又想起她独自收拾残破凌乱的家，心头的凄楚化为眼泪，抑制不住地流。

可她也不愿强迫阿圆。人生能遇一良人已是不易，还要与之风风雨雨一辈子，良缘未必能结善果。"携子之手，与子偕老"本就是一种美好的祈愿，必须慎而重之。

杨绛说："将来我们都是要走的，撇下你一个人，我们放得下心吗？"阿圆想想，也不愿辜负父母深沉的爱，终于重新踏入了婚姻，有了一个美好的家。

杨绛和钱锺书也放下心来，在住所里专心读书，专心工作。钱锺书足不出户，吃、喝、拉、撒、睡全由杨绛照顾。在杨绛的悉心照料下，钱锺书的病好了大半，口能言，手能写，只腿脚还不灵便。

谁都知道"世间从不缺少美，只是缺少发现美的眼睛"，可知道归知道，能真正发现的人屈指可数。杨绛和钱锺书便是其中的少数人。

不管处在何种艰苦的环境里，他们总能发现那一点光。他们最心仪的图书资料室就在相距不远的六号楼，管理员也是相熟的年轻人，借书很方便；而外文所也相隔不远，总得后辈照顾。

他们可以心无旁骛。在"陋室"里，杨绛趴在近南窗、贴着西墙、靠着床的小书桌上，继续翻译她未完的《堂吉诃德》；钱锺书在北窗下的书桌上，伏案继续写他的《管锥编》。

杨绛和钱锺书都致力于做隐身的学者，但学问厉害的人，却总招人惦念。

即使杨绛百般推托，找上门的各方代表丝毫不嫌弃屋内拥挤。叶君健占着钱锺书对面的位置，每天和钱锺书脚对着脚；袁水拍拘谨地缩在侧面，无处容膝；还有偶尔上门的两位代表，把小小的"陋室"挤得满满当当。

钱锺书和杨绛愿求几个知己，埋头做自己喜欢的事。

他们喜欢自己的这间"陋室"，杨绛继续翻译她的《堂吉诃德》，钱锺书继续校订《管锥编》。

他们仍然延续年轻时的爱好——"探险"。钱锺书手脚灵便后，俩人常常一起慢慢悠悠地出门，晃到日坛公园，这儿走走，那儿看看，兴致勃勃，总是能探索到新奇的事物。

他们永远是他们俩。1975年的冬天，烟囱管的出口被堵住，他们毫无察觉。夜里，临睡前服用了安眠药的杨绛被煤气熏醒，怎么也动不了，却在钱锺书从床上摔下去的时候，一骨碌爬了起来。

杨绛迅速套好衣服，给钱锺书裹好大棉袄，然后打开窗户，又折返回来，帮钱锺书戴好帽子，戴上围巾，将他严严实实地包成个粽子。

那晚，他们依偎在一起，等待天亮，等待太阳慢慢升起。

02　三里寓所

自从迁居三里河寓所，我们好像跋涉长途之后，终于有了一个家。

春天，是一年中最好的季节，立春，是一年里最好的日子。1977年2月4日的立春，也是杨绛和钱锺书最好的日子。

杨绛本已打算在堪称"陋室"的办公室里终老了，谁知道1月份的时候，突然被学部的办事人员塞了串钥匙，而门外，汽车已等候多时。

杨绛、钱锺书和阿圆搬到了三里河的南沙沟寓所。新居宽敞，有四间房，留出他们和阿圆的卧室后，剩下的两间，小点的充当饭厅，最大的作为工作室。但是阿圆有婆家，还要上班，只有周末过来。他们把"陋室"里的衣服、家具、书籍等等全部填充进去，新家仍显得寂寞和空。

幸而有周奶奶，她一来，便看中了走廊，随意地将自己的床铺放在走廊里。

新居比起从前任何一个家都要热闹许多。从前的领导何其芳变成了朋友，经常携夫人来往，尤其羡慕新居里洗墩布的小间；钱锺书以前的领导胡乔木在他们寄居"陋室"时，托人送过两次治哮喘的药方，如今见他们搬进新居后，也时常来请教问题。

或许人到晚年，又经历过动荡的岁月，无论是偏见或是心态，都会有所改变吧。后来熟络起来，胡乔木偶尔晚间也来串门，却总被门口的床铺挡住。

他会错了意，问："房子是否够住？"

杨绛感谢道："始愿不及此。"

周奶奶率性，直言道："个人要自由呢。"

"要自由"的周奶奶便是从前杨绛请的阿姨，也是誓死不写杨绛大字报的"顺姐"。现今闲不住的她，继续过来"照顾"杨绛和钱锺书。

杨绛从不把她当作保姆，家里的热水瓶原放在走廊上，入睡后，杨绛时不时到走廊倒水。"顺姐"嫌吵到自己，杨绛便把热水瓶挪进了卧室里。

杨绛笔下不乏苛刻的人物，却唯独对"顺姐"多了份心疼。后来，杨绛蘸了许多笔墨，专程写了一篇《顺姐的"自由恋爱"》，让更多的人看到"顺姐"悲惨却又乐观的一生。

杨绛说："自从迁居三里河寓所，我们好像跋涉长途之后，终于有了一个家。"

家里必不可少的是书橱，工作室里，沿着墙的三面摆满了各个领域的图书。靠窗处，阳光充足，摆放着一大一小两张书桌，两个人读书、工作在一起，又互不打扰。满室的静谧里，要么是笔尖与纸张的"沙沙"声，要么是"哗啦啦"的翻书声，偶尔一两句交流，反而衬得岁月静好。

似乎日常的生活也终于配得上一句现世安稳了。现在的俩人，成了年轻人追捧的对象。新家偏僻，交通不便，领导体恤，不需要打卡上班，在家里办公即可。

每月的工资都有年轻人抢着去领，抢着登门送来并看望他们。有时，钱锺书需要哪类图书，时常来探望的年轻同事便会费工夫去找；有时，年轻同事带着疑难杂问前来，钱锺书从来不是藏着掖着的学者，他会很热心地帮忙解答。

这样"闹腾腾"的日子过着也不错，但是女儿回家的日子才是三里河寓所里最热闹的时候。欢声笑语塞满了整个房间，也填满了作为父母的两个人的心田。

杨绛说："我们仨，却不止三人。每个人摇身一变，可变成好几个人……阿圆长大了，会照顾我，像姐姐；会陪我，像妹妹；会管我，像妈妈。"

阿圆说："我和爸爸最'哥们'，我们两个顽童，爸爸还不配做我的哥哥，只配做弟弟。"

在生活上，钱锺书是"拙手笨脚"的，需要杨绛和阿圆把他当孩子般照顾；但在学问上，他又摇身一变，变成了杨绛和阿圆的老师。

杨绛说："我和阿圆都是好学生，虽然近在咫尺，我们如有问题，问一声就能解决，可是我们决不打扰他，我们都勤查字典，到自己无法解决才发问。"

葆有童心的人，总会发现成年人的世界里看不见的乐趣，快乐也变得简单了许多。

有时，杨绛出国访问，一走好多天，钱锺书和阿圆联合起来"造反"，床也不铺，被也不叠，阿圆感叹："狗窠真舒服。"有时，杨绛和阿圆"串通一气"，一起嘲笑钱锺书是色盲，只认识红的花，绿的草，白的天，黑的夜。有时，夫妻两个"拉帮结派"，"说女儿是学究，是笨蛋，是傻瓜"。

为人父母，最骄傲的便是孩子有所成就。

杨绛骄傲道："她像谁呀？"

钱锺书说："爱教书，像爷爷；刚正，像外公。"

刚正如杨荫杭的阿圆，在全国性语言学大会上，哪怕只是作为一个小小的助教，也敢反驳一些权威提出的禁止对"女"字旁的文字的使用，获得了许多老学者的喜爱。

爷爷钱基博鉴定过孙女是"读书种子"，她继承了爸爸钱锺书的"天赋"，读得快，又记得牢。某次审阅论文，杨绛形容她像猎狗般嗅出这篇论文是抄袭的，"她两个指头，和锺书一模一样地摘着书页，稀里哗啦地翻书，也和锺书翻得一样快，一下子找出了抄袭的原文"。

钱锺书认为阿圆是"可造之才"，阿圆作为师大外语系与英国文化委员会合作建立的中英英语教学项目的负责人，面对外国的专家权威，丝毫不怯馁。在骄傲的外国专家打算进行个性化教学时，阿圆阻止并将他带到图书馆，让他见识到了师大的专业性，心服口服地按照阿圆的指示教学。

因形势变化，阿圆的俄语教师改习英语时，阿圆也转入了英语系，到后来申请留学时，阿圆很担心，她说："妈妈，我考不取。人家都准备一学期了，我是因为有人临时放弃名额，才补上了我，附带条件是不能耽误教课。我没一点准备，能考上吗？"

在杨绛的鼓励下，阿圆于1978年考取了留学英国的奖学金。作为母亲的杨绛，期待女儿能开出扑鼻的沁香来。

03 最才的女

这里收集了几个故事，好比是夕照中偶尔落入溪流的几幅倒影，所以称为《倒影集》。

因着"顺姐"的看顾，杨绛和钱锺书得以安心做着自己的事情。对待学问精益求精的杨绛，再次着笔从西班牙原文开始，重新翻译《小癞子》，钱锺书的《管锥编》在"陋室"时，已经完成了初稿。

这部大约一百三十万字的"国学大典"，始于20世纪60年代，终于20世纪70年代，总历时十多年之久，全文以艰涩的文言文形式写成，贯通文、史、哲等领域，横跨中西，引经据典，无不经过缜密的考证和诠释。

《管锥编》的全部手稿完成后，经仔细校订，于1979年8月，以繁体字顺利出版。

但是杨绛的《堂吉诃德》出版却颇多波折。一年前书稿便已交给了出版社，但是外文所的领导"体谅"杨绛"下笔即错"，转而让别人代为写序，不过被出版社拒绝了，他们执意要让杨绛本人写序。

《堂吉诃德》因此被压了一年，杨绛想讨回来，但出版社为此会损失惨重。于是，《堂吉诃德》便在没有序文的情况下出版了，后来在第二次印刷出版时，经人提醒，用以前的一篇文章作了序文。

眼看着俩人的著作都要面世了，一如自己即将出世的孩子，钱锺书高兴得像个顽童，一股浪漫心思从心头漫起，"《管锥编》和《堂吉诃德》是我们最后的书了，你给我写三个字的题签，我给你写四个字的题签，咱们交换。"

杨绛犹豫："你太吃亏了，我的字见得人吗？"她可还记得他责备她的字体笨滞不能看。

"留个纪念，好玩儿。"一辈子遇到的苦难太多，又有多少称得上"好玩儿"的事儿呢？钱锺书极力劝说："随你怎么写，反正可以不挂上你的名字。"

所以，即使字真的难看，读者也只会以为是钱锺书的字体不够好看——我愿意为你抵挡所有的指责，只愿留住这份小小的浪漫。

不过，这两部著作终归不是他们最后的作品，他们还有很多年的时间，还会写出令后人获益匪浅的文字。

这得益于杨绛的勤于锻炼。初到三里河寓所，她看到对门邻居练大雁功强身健体，便讨教了起来。不但自己学会了，还拉着钱锺书一起练。他们如大雁般展翅，所愿不过平顺、安康地度过往后的每一天。

如汪曾祺所言："人生时间有限，但空间无限，最重要的是在有限中寻求无限。"

往后的日子，滚滚荣耀加身。杨绛翻译的《堂吉诃德》只是众多版本里的之一，却是第一个从西班牙原文翻译成中文的版本。一经面世，便成了当时的"爆款"，稳坐畅销榜榜首，后来有了序文再次出版，首印十万套，仍然掀起一股浪潮，许多人排队也未能抢到。

杨绛最初只把翻译当作一种对写作的练习，却在读懂塞万提斯笔下的堂吉诃德和桑丘后，对《堂吉诃德》情有独钟，前前后后为它作了九篇文章，诸如《堂吉诃德和〈堂吉诃德〉》《塞万提斯小传》《〈堂吉诃德〉译余琐掇》等。

后来还在序文中说："只为希望《堂吉诃德》能经常在书桌几案上出现，而不致尊严地高踞书架上层，蒙上尘埃。"

杨绛的译本能畅销若此，或许和她独树一帜的翻译有关。

杨绛读懂了《堂吉诃德》，也费了大功夫去读了塞万提斯，她说塞万提斯借着堂吉诃德的口说过，他认为"一般翻译好比弗兰德斯的花毯翻到背面来看，图样尽管还看得出，却遮着一层底线，正面的光彩都不见了"。

杨绛不愿译文失去原文的光彩，所以，为了一个人名，她翻遍了其他版本图书，只为证实堂吉诃德口中的"托斯达多"，是《职方外纪》里从生到死，每日撰写七万多字的名贤"多斯达笃"。

她不似其他译者墨守成规，她不译音而译意，译文里多处可见她的幽默感，如把"多斯达笃"翻译成"焦黄脸儿"、把"女管家"译作"管家妈"等等。

杨绛甚至被国家邀请参加为西班牙国王夫妇举办的国宴，并将她翻译的《堂吉诃德》作为国礼赠送给贵宾。这是至高无上的荣耀，而她所求却不过是希望"我们的翻译"能够在原文的基础上大放异彩。

翻译是一项苦差事，重新从原文翻译完《小癞子》后，杨绛的视力出现了问题，总感眼前有蚊虫飞过，便不再翻译，转而开始搞创作。

　　这期间她先后创作了爱情悲剧《"大笑话"》，讽刺小说《"玉人"》，诙谐闹剧《鬼》，以振华女中校长季玉先生为原型的小说《事业》。杨绛提到这些作品时说："故事里的人物和情节，都是旧社会的。在我们的新时代，从前的风俗习尚，已陈旧得陌生，或许因为陌生而变得新奇了；当时见惯不怪的事，现在也会显得岂有此理而使您嬉笑、使您怒骂。"

　　但是，故事中形形色色的人物，都是她慎而重之、改了又改的。她的创作，总是先有人物，而人物又要求必须生动、活泼，是生活中随处可见、活脱脱的人。这些人经她的笔，某一天遇见了，自然而然地碰撞出独属于他们的故事。

　　写完的文章，杨绛总拿给钱锺书品阅，他赞誉最高的便是《"大笑话"》。《"大笑话"》写于1977年，讲述了20世纪30年代的北平学术机构里，高级知识分子们的阔太太之间钩心斗角的故事。林子瑜的夫人周逸群因为情人赵守恒移情别恋，由爱生恨，伺机报复勾走情人的朱丽，却反被朱丽设计，成为太太圈的"大笑话"。

　　可是，撕开钩心算计的皮囊，里面却是一对深情厚谊的有情人，可惜人总是在错的时间遇到对的人。纵使心间填满了呼之欲出的情爱，正直而恪守本分的人，也只能将这份纯粹的爱恋深藏于心底，只留给看客们无限唏嘘，这或许便是《"大笑话"》悲剧的由来吧。

1982年，出版社将《"大笑话"》《"玉人"》《鬼》《事业》四篇小说与杨绛早前在清华大学所写的一篇《璐璐，不用愁》合辑为《倒影集》，于1月份出版。出版时，杨绛在《致读者》中说："这里收集了几个故事，好比是夕照中偶尔落入溪流的几幅倒影，所以称为《倒影集》。"

很多人说，杨绛的文字，没有华丽的辞藻，也没有刻意的煽情，明明是朴朴素素的文字，读来却总有叫人或愤怒或落泪的动容。这种繁华落尽见真淳的朴素，一如她的人一般，虽平淡，却在读懂后，越发深刻隽永。

时光平缓地走过了八个春秋，写完虚构小说和有原型的小说《事业》后，杨绛读到了清朝文学家沈复的《浮生六记》，便再也按捺不住心间澎湃已久的记忆。

她告诉钱锺书："我要写一篇《干校六记》，把在干校的事情都记下来。"

她因为被《浮生六记》触发灵感，于是仿照着它的小标题，为干校那两年间的点点滴滴拟定了类似的六大章，即《下方记别》《凿井记劳》《学圃记闲》《"小趋"记情》《冒险记幸》《误传记妄》。

钱锺书并不看好这部作品，可是，杨绛笔尖的干校生活，有的只是寻常生活中常见的衣食住行，同事之间相处的趣事，和夫妻俩看似平常却处处饱含着爱的琐事。

作品完成后，钱锺书十分认可，并为它做了引子：

"'记劳','记闲',记这,记那,都不过是这个大背景的小点缀,大故事的小穿插。"

不久,《干校六记》出版了。上市后,偶然间又被胡乔木看到了。他一向欣赏杨绛的文笔,杨绛的作品他全都读过,自称是杨绛的忠实粉丝。

一次国宴上,他托钱锺书带给杨绛自己对《干校六记》的感受:"怨而不怒,哀而不伤,缠绵悱恻,句句真话。"

可杨绛觉得自己还不够好。或许人便是这样,总能看到别人闪闪发光的模样,从而忽略自己也是站在镁光灯之下的吧。

04 现世安稳

这种琐琐碎碎的事,我们称为"石子",比作潮退潮落滞留海滩上的石子。我们偶然出门一天半天,或阿圆出差十天八天,回家必带回大把小把的"石子",相聚时搬出来观赏玩弄。

对自己不甚满意的杨绛,却是社会科学院的骄傲。社科院要选拔代表访外，她总能榜上有名。

1979年初夏，她随代表团访问法国。优秀的人，身边环绕的也是优秀的学者。代表团团长梅益是著名的宣传活动家，也是1942年版《钢铁是怎样炼成的》的译者，一路上，俩人探讨了许多关于翻译的问题。

再次踏上曾经求学的土地，杨绛担起了中国的"脸面"，不管是图书馆还是博物馆，抑或是酿酒厂，她都能引经据典，侃侃而谈。

梅益欣赏她，团员们也对她连连称赞。由她翻译的《堂吉诃德》在西班牙得到了广泛关注，三任西班牙大使热情邀约，1983年，她实在找不到婉拒的借口，便又随梅益团队出访西班牙。

此行为她解决了一直困扰她的疑惑。在《堂吉诃德》里，名贤多斯达笃的绰号"焦黄脸儿"她一直无从考证，却在下榻的旅店里找到了蛛丝马迹。

在那天的早餐桌上，各式各样的面包盘里，被烤得焦黄松脆的面包干，可不就像"焦黄脸儿"的颜色？可是西班牙人的肤色偏白，与之相悖。后来，在参观托雷多古城的大教堂时，经导游之口，她终于弄清了，原来多斯达笃具有吉卜赛人血统，故被称作"焦黄脸儿"。

嗜书的人，最开心的莫过于能够读到更多新颖的书。代表团行至英国时，她偷空钻进大英博物馆，遍读在国内看不到的书本，无意间发现了塞万提斯的两封亲笔信，大喜过望之际，将它们连同1863年刊发在《西班牙文献目录公报》上的一封信，记在了《〈堂吉诃德〉译余琐掇》一文里。

一本从西班牙原文翻译的骑士小说《堂吉诃德》，为两个国家的首都北京与马德里牵起了一段友谊。1986年10月，北京大学的校园里，迎来了邦交的使者——塞万提斯等身铜像。

此前，杨绛被点名参加塞万提斯逝世三百六十六年纪念典礼并发言；此后，她正式化身为塞万提斯和《堂吉诃德》的代言人，被授予"智慧国王阿方索十世十字勋章"。

比起杨绛，钱锺书的成就也不遑多让。1978年8月31日，钱锺书跟随中国社会科学院代表团到意大利参加欧洲研究中国协会第二十六次会议。

会议上，钱锺书饱含情感地呼吁"China no longer keeps aloof from Europe（中国从此不再远离欧洲）"，为他、为文学界、为中国文化赢得了激烈的掌声和尊严。

德国汉学家莫芝宜佳说："他用英语演讲，却完全不需要看讲稿，脱口而就，很精彩。和钱先生的相遇，对我来说，是一个转折点。他给我打开了通向中国文化之门。认识钱先生使我突然发现，我以前想象中的中国不是完整的，只是一个小局部。于是我决定和我的中国朋友仁仲翻译《围城》，这个工作为我大大开阔了眼界。"

这位德国博士后来成为钱锺书的"死忠粉"，登堂入室，把《围城》翻译成德文后，还有幸得钱锺书以毛笔为之作序，被夸是杰出的汉学家。许多年后，钱锺书的大量外文笔记经由她整理成册；杨绛的《我们仨》也经由她之手，传播到德国的读书人手里，让德国人领略到了这对贤伉俪的相濡以沫。

出外访问，常常一走便是月余。通信不够发达的年代，一封书信也得在路上颠颠簸簸二十多个日夜，但他们总能找到合适的方法来表达思念之情。

一次访问美国，费孝通和钱锺书同为代表团成员。费孝通观察许久，从未见过钱锺书往家寄信。便将自己的邮票一股脑塞给钱锺书，让他赶快写信寄给杨绛，省得杨绛担心。

殊不知，钱锺书早已写了一封又一封的长信，打算回家再带给杨绛看。

这是属于"我们仨"之间独有的乐趣。不管是谁外出，他们总会将一天里看到的景色、发现的新奇事物，以及读到了哪本书，事无巨细地记在随身携带的笔记本里，等待回国后，一一翻给留在家中的人看。

留在家里的人也会详尽地记下家中的琐碎之事，阿圆在家的时候，还会加上自己的评语附识。

杨绛说："这种琐琐碎碎的事，我们称为'石子'，比作潮退潮落滞留海滩上的石子。我们偶然出门一天半天，或阿圆出差十天八天，回家必带回大把小把的'石子'，相聚时搬出来观赏玩弄。"

但是阿圆公派留学后，钱锺书和杨绛俩人时常饱受离愁之苦。但凡阿圆寄信来，两个"空巢"老人立刻变身抢玩具的小孩子，都要争着抢着先睹为快。

解了"思念病"的钱锺书，时常忍不住对女儿的学业提出意见，哪怕相隔甚远，也要洋洋洒洒写一大篇。写完后，又担心女儿功课忙，嘱咐她专心学业，家信可以少写。

一句"家信可少写"道出了多少中国式父亲深沉的、难言的父爱。在家庭中，母亲更多的关注反而在于女儿的身心健康。

工作中，"尖兵钱瑗"每天超负荷地工作，她不但管学生的学业，还管学生的婚姻状况。她对作业改了又改，批了又批，每晚讲完课，挤车，倒车，回到家已经很累了，还要接学生打来的电话。杨绛看不下去，让她偷点懒，她却摇摇头。

她说："我班上的研究生问题最多，没结婚的要结婚，结了婚的要离婚。"所以，晚饭后，来找钱老师的学生也很多。阿圆总是耐心地倾听，细心而又认真地解答，她告诉关心她的妈妈："婚姻问题对学习影响很大，我得认真对待。"

杨绛将女儿视为"生平杰作"，可是又常常惋惜这副

"可造之才"未能成材,"读书种子"只发了一点儿芽芽,只是教师行列里的一名小兵。

但是,这粒种子,始终是他们夫妇心中最骄傲的女儿。也只有阿圆,才衬得上他们心里的"我们仨"。

05 再攀高峰

假如说,人是有灵性、有良知的动物,那么,人生一世,无非是认识自己,洗练自己,自觉自愿地改造自己,除非甘心与禽兽无异。

1982年,钱锺书出任了中国社会科学院的副院长。杨绛并没有"以夫为荣"的阔太太的做派,反而更加低调。

他们只希望在有限的时间里,相守在一起,拓展生命的宽度与深度。杨绛应近代史研究所的要求,写了一篇回忆父亲,回忆姑母的文章。回忆是会呼吸的痛,她却仍在痛惜里,在眼泪中,一遍遍地找寻父亲的痕迹。

她始终记得,1934年,在清华大学就读的暑假,爸爸收购了农户从荒野里捡来的陨石,将它安置在后园的花厅角落里。

他指着陨石，问归家的杨绛："看看，那是什么？"

彼时的杨绛，看它的模样像个西瓜，但又猜想爸爸如此问，肯定不会是西瓜，聪明的杨绛反问道："那是什么？"

爸爸指使杨绛去把它搬过来，但细胳膊细腿的杨绛怎么搬得动？只能将它翻个面儿，却发现它上面铺着一层深绿的颜色，摸起来光溜溜的，像西瓜皮；底部却粗糙得一如折断的铁矿石，颜色是如铁的锈黄。

爸爸得意地告诉她："我买了最大的一块。"

可是后来几经战乱，这块大陨石也消失无踪了。杨绛说："我一想到爸爸妈妈和苏州的老家，就屡屡想到这块陨石，不知现在藏在什么人的家里呢，还是收入什么博物馆了。"

她将自己的回忆视作"一份材料"，一份父亲的简历，却因感情充沛，被当作文学作品，发表在了刊物上。而《回忆我的姑母》一文，也让教育家杨荫瑜在作古后，得世人敬佩。

杨绛在文学领域取得的佳绩，使得慕名而来的约稿络绎不绝。但有一篇应约之作却让她百般为难，这是钱锺书的《围城》"惹的祸"。

《围城》初版于1947年的上海，一经面世，便畅销于各大书店，紧接着便出了第二版、第三版。可惜解放后的三十年间，市面上再找不到它的身影，直到1980年才重现。

一时间，钱锺书的风头盖过了杨绛。他以一书之力，从"杨绛的丈夫"变成了徐森玉口中"二百年三百年一见的天才"，让杨绛"沦落"为"钱锺书的夫人"，让世人误会杨绛是他笔下工于心计的孙柔嘉。

铺天盖地的追捧下，《围城》被冠上了"新《儒林外史》"的高帽，钱锺书也因学识被戴上了"文化昆仑""博学鸿儒"的桂冠。而杨绛因一部《围城》让人诋毁，偶有一句"孙柔嘉也不错"的评语，令她哭笑不得。

钱锺书说《围城》是他锱铢积累写完的，而读者在锱铢必较地猜测美好的唐晓芙另有其人，仿佛如此，便能证明钱锺书和杨绛的爱情，也如平凡夫妻般一地鸡毛，并不值得世人艳羡。

有朋友让杨绛写篇文章来"解救"两人，但无论杨绛和钱锺书说什么，读者都不以为然。

杨绛说："锺书从他熟悉的时代、熟悉的地方、熟悉的社会阶层取材，但组成故事的人物和情节全属虚构。尽管某几个角色稍有真人的影子，事情都子虚乌有；某些情节略具真实，人物却全是捏造的。"读者装作没看见。

钱锺书在《围城》序里写道："在这本书里，我想写现代中国某一部分社会、某一类人物。"他直白地指出："角色当然是虚构的，但是有考据癖的人也当然不肯错过索隐的机会、放弃附会的权利的。"他在序里赞扬杨绛："这本书整整写了两年。两年里忧世伤生，屡想中止。由于杨绛女士不断地督促，替我挡了许多事，省出时间来，得以锱铢积累地写完。"读者仍视而不见。

杨绛在《记钱锺书与〈围城〉》一文里，对《围城》里的人物一一解读，末尾说："也许我正像堂吉诃德那样，挥剑捣毁了木偶戏台，把《围城》里的人物斫得七零八落，满地都是硬纸做成的断肢残骸……可能我和堂吉诃德一样，做了非常扫兴的事。不过，我相信，这样一来可以说明《围城》和真人实事的关系。"

杨绛解读"围城"的含义，说："不仅指方鸿渐的婚姻，更泛指人性中某些可悲的因素，就是对自己处境的不满。"

只有杨绛才最懂钱锺书，她认为写《管锥编》《谈艺录》的钱锺书是好学深思的学者，写《槐聚诗存》的钱锺书是浑身散发着"忧世伤生"的郁郁文人，而写《围城》的钱锺书则是个"痴气"旺盛的大男孩。

钱锺书知道杨绛懂他，他们不只是爱情伴侣，也是心灵伴侣，对于杨绛解读的《围城》，他只说了四个字："实获我心。"

古诗说："山河不足重，重在遇知己。"于杨绛而言，这一生中，能有钱锺书懂得自己便足矣，其他人，她不在乎。她借英国诗人兰德的诗告诉世人："我和谁都不争；和谁争我都不屑；我爱大自然，其次就是艺术。"

爱艺术的杨绛于1986年4月初，以解放后知识分子第一次经受的思想改造为故事背景，开始写作长篇小说《洗澡》。

她在前言里郑重地声明道："小说里的机构和地名纯属虚构，人物和情节却据实捏塑。我掇拾了惯见的嘴脸、皮毛、爪牙、须发，以至尾巴，但绝不擅用'只此一家，严防顶替'的货色。"

杨绛一改往日的平和，笔端的文字颇有钱锺书《围城》里的讽刺和辛辣。全文采用对话式手法，将改造运动中的众生之相，淋漓尽致地展现在读者的面前。那些曾经在思想改造中蹦着、跳着的"表演人士"，在杨绛的笔下无所遁形，露出了楚楚衣冠下，毛茸茸的长尾巴。

她借《洗澡》告诉世人："假如说，人是有灵性、有良知的动物，那么，人生一世，无非是认识自己，洗练自己，自觉自愿地改造自己，除非甘心与禽兽无异。"

杨绛和钱锺书无时无刻不在审视自己，洗练自己。《围城》再版以后引起巨大反响，被多家电视台捕捉到了它的价值，意欲将其改编成电视剧搬上荧幕，但均被钱锺书以"拙作不宜上荧幕"为由拒绝了。

直到1990年，杨绛和钱锺书才被下了苦功夫研读《围城》的黄佐临的女儿黄蜀芹打动，同意将《围城》影视化。

电视剧播出时，幕前的题字便出自杨绛之手。

黄蜀芹在为《围城》挑选外景时，意外遭遇车祸，导致右小腿粉碎性骨折。本以为《围城》会就此搁浅，谁料她硬是坐着轮椅，拍完了整部剧。她无愧于杨绛和钱锺书对她的信任，而《围城》也无愧于她的喜爱与付出，不仅在那个时代大放异彩，时至今日，还获得了中国共产党成立一百周年全国优秀电视剧奖。

《围城》上映之后，钱锺书名气大增，信件如瀑般涌来，许多人不辞辛苦，从远方而来，只求一睹钱锺书的风采。

钱锺书很苦恼，他不愿做动物园里的"稀奇怪兽"。他曾经对一位美国"钱迷"表示，吃了美味的鸡蛋，无须见那下蛋的母鸡。

"没关系，我来为你挡客。"杨绛说。比起钱锺书的直来直往，杨绛的处理方式较为圆融。她诚恳地拒绝"钱迷们"："抱歉，钱锺书病了，不宜见客。"

慕名而来的客人确实少了，可是信件一如既往地多。钱锺书虽然不愿意"敷衍"客人，但是对待读者来信却认真而专注。

他每天早起后，便坐到自己的大书桌前，打开每一封来信，仔细阅读后，一定会认真地写回信，感谢读者的喜爱。

他将写回信称作"还债"，他要"偿还"这份喜爱。可是杨绛却担心他身体吃不消。尤其是入了冬后，他的哮喘时常发作，一旦过度劳累，医院便成了"另一个家"。

杨绛怕折腾坏了他的身体，从相熟的护士那里学会了打针。钱锺书再发病，她便能第一时间救护他，可是钱锺书刚康复，她又病倒了。

杨绛有脑血管病，脑血管梗死是危病，稍有不慎便再也看不到翌日的太阳。一次，幸好发现及时，病愈后，她仍是钱家这个小家庭的"顶梁柱"。

可是她不免埋怨："他并不求名，却躲不了名人的烦扰和烦恼。假如他没有名，我们该多么清净！"

可她自己也一刻不得闲，病愈不久，便着手整理父亲遗留的旧文稿，但因为时隔太久，旧报纸上的字迹模糊不清，誊写时就很劳心费神。而且杨荫杭熟读经史，娴习训诂小学，通晓多种外语。下笔时总不自觉地引经据典，喜欢引用古书上的文字，尤其引用训诂小学的偏僻字、怪字。

杨绛每查一个模糊的字，常常得拐弯抹角，从这本书找到那本书。

一次，杨绛翻遍了全文，也没能找到所引用的原句，她丧气地向钱锺书求救："准是爸爸随笔写来，引用错了。"

钱锺书却笃定："爸爸绝不引错。"他替她分忧，找来原句作者的逸文，一通翻找，果然找到了原句，杨绛急忙填上了缺失的字。

每到这时候，钱锺书总会遗憾地说一句："我若能和爸爸相对议论，该多有趣。"

杨绛却另有一番感慨，她祈愿所剩不多的人生里，一家人聚在一起，守在一起，做他们力所能及的事。

第九章

红尘一梦弹指间

01 彩云易散

自从生了阿圆，永远牵心挂肚肠，以后就不用牵挂了。

杨绛留不住爸爸、妈妈，留不住七妹妹和"媒人"孙令衔，也留不住阿必和姐姐们。现在，她使尽了气力，用尽了心血，也无法将女儿再留在身边，哪怕多一分，多一秒。

起初只是钱锺书大病了一场，一颗输尿管中的瘤子，一颗坏死的肾，击垮了钱锺书的身体。他病愈后没多久，再度返院，病情更加严重。膀胱发生癌变，独自坚守的那颗肾也急性衰竭，虽然全力抢救后保住了一条命，但从此缠绵病榻，靠"鼻饲"和繁多药水维持生命。

钱锺书病了一场又一场，杨绛惊慌之下，身体也每况愈下，阿圆便成了家里的主心骨。

怕他们深居简出，突发意外无人照应，阿圆索性搬来同住。可是路途遥远，她总是要倒几趟车才能回到三里河寓所。

忧心他们吃不好，阿圆把食谱翻得像查字典，一道菜比对三种食谱，变着花样儿做好吃的；担心他们营养不均衡，她买了两只烤箱，学着烤制各式鲜嫩的肉类，给父母补充营养。

往往照顾完父母，阿圆还需挑灯为学生批改作业，阅卷子，备课，常常忙到深夜。第二天一大早又要挤公交，去上班。

阿圆身兼数职，在爸爸用鼻饲续命后，怕医院的鼻饲食料不够精细，她化身厨娘，把爸爸能够食用的肉类、蔬菜等打制成泥，力求精细，加上各种骨汤，经由鼻饲管喂给爸爸。

担忧妈妈愁坏了身子，又变身为妈妈的"老姐妹"，陪伴她，开导她，安慰她。她总对妈妈说："娘，不要愁，有我呢。"

她从未想过自己也有累坏的一天，也有身体垮掉的时候。

一开始只是轻微咳嗽，她自己"诊断"是感冒着凉，为了不耽误工作，经常顺路买点药丸吃一吃，便算治了病；等到压制不住的时候，才在杨绛的强制下，去校医室治疗，被诊断出支气管炎后，也只是拿了些药继续压制。

同事、朋友纷纷劝她去医院检查检查，她总推说不用，小毛病，扛一扛就过去了。可是终究没能扛过去。

1995年秋天，钱锺书住院一年后，她的咳嗽再也止不住，还多了腰疼的毛病。杨绛担忧不已，她却以"挤公共汽车闪了腰"为由搪塞妈妈。在妈妈的唠叨下，她忍着腰痛，赶到成都参加全国高校外语教材编审委员会的会议。直到某日清晨，腰椎剧烈疼痛，无法起床，才喊来丈夫杨伟成陪她去医院检查。

检查结果不甚理想，腰椎和肺部均有阴影，她被强令住院治疗。

临走时，她瞒着妈妈，只说"娘，我请长假了，医生说我旧病复发"。

杨绛也只以为是她小时候的骨结核病发作了。因为她表现得实在太平静了。"这回在腰椎，我得住院。我想去看看爸爸，可是我腰痛得不能弯，不能走动，只可以站着。现在'老伟'送我去住院。"她安慰妈妈，"医院在西山脚下，那里空气特好。医生说，休养半年到一年，就会完全好，我特来告诉一声，叫爸爸放心。"

愿景总是美好的，现实却总叫人措手不及。以为已经很坏的处境，往往还有意想不到的更坏的结果。两个多月后，阿圆的病情急剧恶化，被病菌破坏的脊椎发生了癌变，肺部癌细胞扩散，已至晚期，回天乏力。

阿圆的病情，连做母亲的杨绛也被瞒着。可是女儿的苦痛，做母亲的又岂会真的不懂？但杨绛无法拆穿，也不想拆穿。

她代替女儿告诉钱锺书："阿圆病了，住院了，不过不要紧，医生说是骨结核复发，从前是没药可治，现在有药了，休养半年到一年就能完全养好。"

钱锺书听后，许久未言语。半晌，才说了句令杨绛意外的话："坏事变好事，她可以好好地休息一下了。等好了，也可以卸下担子了。"

可惜坏事没有变成好事，阿圆已经时日无多了。

她在生命垂危之际，在身体罢工之后，仍然坚持读书、写作、工作，为别人着想。她说："身子不听使唤了，脑子还可以想。"

她爱读书，即使动弹不得，她仍是让人找来许多书。没读过的，细细地读；曾经读过了的，再精读一遍，总能读出不同的意味来。

她爱写作，躺在病床上完成了科研课题《外语专业21世纪课程体系和教学内容改革》的研讨提纲和《中小学外语教学》的应约稿。

她认真工作，对自己带的博士生、硕士生，依旧坚持指导他们写作业、写论文。

她还总替别人着想，在发现外语系资料室的翁某自学大学课程时，便担任起了他的导师，指导他读书、作业，直到他考上研究生为止；她托人帮云南的老同学的老伴儿治病买药，担心他们经济不宽裕，把自己的稿费寄给他们。

许多人还在追求自我的时候，她却把自己的一生奉献给了盛大而又灿烂的世界。

她一生未育，把继子、继女视作亲生骨肉，每每到回西石槽家的日子，她总要倒换好几趟公交，只为买回他们爱吃的凉面、牛肉馅饼、羊肉串等小吃；为了和他们"有话可说"，经常恶补电视剧，在他们回来后故意剧透给他们。

她的继子杨宏建说："妈随着冷风背着大包小裹进得门来，她总是走得脸红红的，脑门上冒出汗珠。一边急匆匆地从包里往外掏东西，一边嘴里忙不迭地说：'对不起，对不起，来晚了，来晚了。'我们习惯了她这样出现，也很喜欢这样的一个晚上。"

阿圆的学生叶坦说："有的人你跟他打了一辈子交道，也不知道他是怎么回事；有的人你见他一面，就把他看出个八九不离十，钱瑗属于后一种人。"

阿圆也看得透自己。在所有人都瞒着她的病情时，她却已从蛛丝马迹中发现了真相。但是她装作不知道，从不问病情，也从不谈论自己的病情。

有客上门，她总笑呵呵的，一如既往地谈话、交流，哪怕瘫痪了，头发掉光了，背上的褥疮溃烂得露出骨头，静脉没有下针的地方，只能在肩胛骨下切开一个输液的小口子，她仍可以平静应对。

面对如此悲惨的境遇，她却强笑着告诉关心她的叶坦：

"叶坦哪，你还不知道，有的病，药是治不好的。"

她不惧怕死亡，她只可怜妈妈一个人要为两个病人牵肠挂肚，她只怕爸爸妈妈无法承受丧女之痛。

1997年3月4日，她松开了妈妈的手，永远地闭上了眼睛。

人，最无法抗拒的便是生老病死；最无能为力的，也是老、病与死。曾经，杨绛还怀抱着即使丈夫老去，她还有女儿相伴的坦然，但如今，女儿却先他们一步离开了。

圆圆初来人世，她用笑迎接她；阿圆要走时，她亦用笑送走她，把悲与痛、苦与泪咽进肚子里。怕阿圆看到，怕阿圆担心，怕阿圆走得不安心。

某次，她安慰钱锺书，也安慰自己："自从生了阿圆，永远牵心挂肚肠，以后就不用牵挂了。"

可这不过是自欺欺人的谎话。喷薄欲出的热泪直往上涌，好似把胸口挣裂了，掉出一大团血肉模糊的东西，凛冽的寒风，从胸口的窟窿灌进去。她觉得撕心裂肺般疼痛，又想把掉出的血肉捡回去，缝补好，可是，碎了的心终是碎了。

她的阿圆，是她唯一的女儿，是永远叫她牵心挂肚肠的，是睡里梦里也甩不掉的阿圆。

杨绛记起1935年去英国前，要离开父母，在途经苏州火车站的月台旁，那串被称为预兆的眼泪。如今，在梦魇里，她看到阿圆却身轻如燕般地她走来，并温软亲热地唤娘，唤爸爸。

钱锺书突然睁开了眼，睁大了眼睛，看着阿圆，许久才急声喊道：“叫阿圆回去。”

他说：“叫阿圆回去，回家去。”

他说：“回到她自己家里去。”

他说：“西石槽究竟也不是她的家。叫她回到她自己家里去。”

阿圆乖巧地别过爸爸：“是的，爸爸，我就回去了。”

阿圆扶着妈妈走上长长的驿道，平缓而顺和地告诉妈妈：“娘，你曾经有一个女儿，现在她要回去了。爸爸叫我回自己家里去。娘……娘……”

可是，阿圆再也回不到杨绛的身体里，回不到她的生命里，也回不到他们的生活里了。

1983年10月底，杨绛写了一篇《孟婆茶》，她说那只是她的胡思乱想：“我登上一列露天的火车，但不是车，因为不在地上走；像筏却又不在水上行；像飞机，却没有机舱，而且是一长列；看来像一条自动化的传送带，很长很长，两侧没有栏杆，载满乘客，在云海里驰行。”

如今，女儿先她一步离开了，她唯有祈愿阿圆领到字迹清晰的号码，找到自己的位子，带着爸爸妈妈的祝福回“家”。

02 才子至性

我转侧了半夜等锺书醒来，就告诉他我做了一个梦，如此这般；于是埋怨他怎么一声不响地撇下我自顾自走了。锺书并不为我梦中的他辩护，只安慰我说：那是老人的梦，他也常做。

送钱锺书去医院的前一天晚饭后，钱锺书如初为人父般捉弄阿圆，把一叠大辞典高高地垒在阿圆的枕头上，床上四处散乱着阿圆的书本及各式笔，最为壮观的是，阿圆刚脱的皮鞋也稳稳当当地站在压着大辞典的板凳上。

做完"坏事"的钱锺书没能逃离现场，被阿圆人"赃"并获。

钱锺书可怜地大声求救："娘，娘，阿圆欺我！"

阿圆得意地喊："Mummy娘，爸爸做坏事，当场拿获！"

杨绛赶过去"决断"家务事，却见钱锺书一面笑得颤抖，一面又装模作样地闭着眼睛，紧缩着身子："我不在这里！"

杨绛生动地描述："我隔着他的肚皮，也能看到他肚子里翻滚的笑浪。"

她不知道，这时常上演的欢声笑语，却是三里河寓所这个家里最后的温馨时刻。

送钱锺书去医院的那天早晨，他们如往常一般，钱锺书照例早起，"烧开了水，泡上浓香的红茶，热了牛奶，煮好老嫩合适的鸡蛋，用烤面包机烤好面包，从冰箱里拿出黄油、果酱等放在桌上"。

她不知道，这看似平常的举动，却也是他最后的温柔和体贴。

从此，他一人"古驿道"，上了船，便缱绻病榻，再不复康健。以后的岁月里，只剩下无尽的病痛与等待。

他最常说的话便是"我等了你好半天了"，抑或是探着头，失望地问："阿圆呢？"等到他终于不再追问的时候，看到杨绛进得门来，便只剩下一个眼神的回应，一个捏捏手的安慰。

杨绛说："我握着锺书的手，他也握握我的手，好像是叫我别愁。"

可是怎能不发愁？

她曾经做过一个梦："有一晚，我做了一个梦。我和锺书一同散步，说说笑笑，走到了不知什么地方。太阳已经下山，黄昏薄暮，苍苍茫茫中，忽然锺书不见了。我四顾寻找，不见他的影踪。我喊他，没人应。只我一人，站在荒郊野地里，锺书不知到哪里去了。我大声呼喊，连名带姓地喊。喊声落在旷野里，好像给吞吃了似的，没留下一点依稀仿佛的音响。彻底的寂静，给沉沉夜色增添了分量，也加深了我的孤凄。往前看去，是一层深似一层的昏暗。"

后来，她从梦魇里醒来，"转侧了半夜等锺书醒来，就告诉他我做了一个梦，如此这般；于是埋怨他怎么一声不响地撇下我自顾自走了。锺书并不为我梦中的他辩护，只安慰我说：'那是老人的梦，他也常做'"。

这确是老人的梦，带着离别的愁绪，折磨着病床上的钱锺书，也折磨着时刻盯着倒计时表的杨绛。时针、分针、秒针滴答滴答，各司其职，看着俩人交握的手，从前的过往如走马灯般历历在目。

钱锺书是大学者，是文化昆仑，是博学鸿儒，可是在作为妻子的杨绛眼里、心里，他只是一个"拙手笨脚"又带着"痴气"的大孩子。

比如说，他因病剃成了光头，阿圆因为化疗，头发也脱光了，两颗锃光瓦亮的光头，不管是头形还是五官，都仿佛一个模子刻出来的，不同的是钱锺书有一对双眼皮，而阿圆是薄薄的单眼皮。

杨绛打趣道："我看你们两个越看越像。一样的脑袋，一样的脸型。唯独阿圆和爸爸的双眼皮不像，但眼神完全像爸爸。可阿圆生了病就变成双眼皮了。"

钱锺书得意地说："'方凳妈妈'第一次见到阿圆就

说，'她眼睛像爸爸'，'方凳'眼睛尖。"

看着钱锺书少有的笑脸，杨绛忽然又记起，他出任社科院副院长前，回绝了新上任的文学所所长聘他做顾问的"官职"。

他高兴地告诉杨绛："无官一身轻，顾问虽小，也是个官。"

可才过去了一夜，他就做了社科院的副院长。

钱锺书苦着脸对杨绛大倒苦水："非要我去社科院挂职，我昨晚刚辞了文学所的顾问，人家会笑我'辞小就大'。"

钱锺书日常童心满满。比如说，住清华园时，邻居家的猫总欺负"花花儿"。哪怕夜里寒风呼啸，护犊子的钱锺书一旦听到"花花儿"的呼救，就抄起竹竿追出去，替落了下风的"花花儿"护驾。

比如说，因邻居和杨绛起了"冲突"，六十二岁的钱锺书手握木棍便冲了出来，像一头发怒的雄狮，保护妻子不受伤害。

比如说，某一次，杨绛读到某位英国传记作家描述自己的美满婚姻时写道："我见到她之前，从未想到要结婚；我娶了她几十年来，从未后悔娶她，也从未想要娶别的女人。"杨绛对此深有同感，她返回去再次读给钱锺书听。钱锺书借《围城》里唐晓芙的口说过："我爱的人，我要能够占领他整个生命，他在碰见我以前，没有过去，留着空白等待我。"

他何其幸运等到了杨绛，他们志同道合，同酷爱文学，同痴迷读书。往后余生，便奋不顾身，悲喜与共，福祸相依，生死相随。

那一刻，他动容地道："我也一样。"

沈从文也用文字表述过深情："我行过许多地方的桥，看过许多次数的云，喝过许多种类的酒，却只爱过一个正当好年龄的人。"

在钱锺书眼里，杨绛就是那个正当好年龄的人，杨绛百般皆好。

有一次，钱锺书去朋友王辛迪家做客，闲聊中，王辛迪笑问："uxorious是什么意思？"

钱锺书摇头，搪塞说："不知道。"回到家却兴冲冲地复述给杨绛听："王辛迪笑话我有誉妻癖。"

杨绛好奇自己有什么地方值得他赞誉的，钱锺书立刻打开了话匣子，说："第一件是《称心如意》上演，你一夜成名，可是你还和以前一样，一点没变，就像什么也没发生，照旧烧饭、洗衣，照顾我。"

第二件事发生在杨绛被误认为是"特务杨绛"时，他说："日本人来抓你，你应付那么沉着，把他们引进客堂，假装倒茶，三脚两步上楼把《谈艺录》稿子藏好。日本人传你第二天上午去宪兵司令部问讯，我都很担心，你却很镇静，平时睡眠不好，可是那天晚上你还睡得很香。"

还有一件事，发生在钱锺书写《围城》期间，杨绛每日做"灶下婢"，三姐姐怜她劳累，帮她找了个十七岁的"小阿姨"——阿菊。可是阿菊没帮人做过事，刚来便闯了祸，她把杨绛用爸爸杨荫杭给的一两黄金换来的洋油往洋油炉里灌时，差点引发了火灾。

钱锺书兴致高昂地解说，阿菊嫌洋油炉的火太小，在漏斗里注满洋油，油都溢出来，到处都是；火星子一碰，一个面盆口那么粗的火柱子熊熊燃烧，从地面直往上升，几个火舌子争着往上舔，离房顶只一寸两寸了。旁边堆满了煤球和木柴，如爆落几点火星，就是一场火灾了。

阿菊吓傻了，钱锺书和圆圆也都惊慌失措地"叫娘"，幸亏杨绛向来镇静，急中生智，抄起一个小洋瓷尿罐，翻过来，伸进火柱，往洋油炉上一扣，火柱奇迹般立即消失，变成七八条青紫色小火蛇，在扣不严的缝隙里乱窜。她又铲起一把炉灰堵住缝隙，一个炎炎上腾的大火柱，不多会儿便偃旗息鼓了。

或许王辛迪本意不过调侃，但把杨绛视作心中骄傲的钱锺书当了真，他毫不避讳地赞誉杨绛是她的"妻子、情人、朋友"。对此，杨绛也是赞同的。

婚姻有人讲究门当户对，但是真正的门当户对不是物质上的平等。杨绛说："男女结合最重要的是感情，双方互相理解的程度。理解深，才能互相欣赏吸引、支持和鼓励，两情相悦。门当户对及其他，并不重要。"

是的，重要的是精神上的切合。钱锺书有"誉妻癖"，而杨绛却用一生来赞誉丈夫。

03　贤妻至情

我曾做过一个小梦，怪他一声不响地忽然走了。他现在故意慢慢儿走，让我一程一程送，尽量多聚聚，把一个小梦拉成万里长梦。这我愿意。送一程，说一声再见，又能见到一面。离别拉得长，是增加痛苦还是减少痛苦呢？我算不清。但是我陪他走得愈远，愈怕从此不见。

杨绛说："锺书病中，我只求比他多活一年。照顾人，男不如女。我尽力保养自己，争求'夫在先，妻在后'，错了次序就糟糕了。"

在杨绛眼中，钱锺书既"淘气"又"痴气"，于是，她总是像老母鸡一般，将钱锺书护到身后。

某天夜里，家里的灯坏了，钱锺书不想浪费宁静的时光，但是电工已下班，他急得团团转。是杨绛搬来小桌子，在上面再架上两只小凳子，颤颤巍巍地爬上去，修好了接触不良的灯管。

有杨绛在，他连腕上的手表也不会戴。每天早晨，杨绛帮他戴好，他才出门；夜里回来，杨绛再次帮他解开。

钱锺书每一次生病，都是杨绛尽心照顾，亲力亲为。住小红楼时，他哮喘发作，危在旦夕，在友邻的帮扶下被送到北医三院，虽然被抢救回来了，但是找不到空的病床，杨绛恐钱锺书虚弱，找了一处暖气片，扶他躺在木盖上休息，自己则蹲在他身旁看守。

1993年，钱锺书住院，杨绛陪着他做各种检查，每天担惊受怕；他被推进手术室，她在门外提心吊胆地过了六个小时；他躺在病床上不能自理，是她一勺一勺地喂，一点一点地擦洗，一遍一遍地翻身、按摩，不嫌脏地帮他吸痰……

1994年钱锺书再次卧病在床后，已累出一身病的杨绛再也扛不住了，高血压、冠心病等"老年病"缠上了她。那些时日，她一边煎中药调理身体，一边照顾着钱锺书，差点自己先一步倒下去。

即便如此，病中的她不好生静养，竟回忆了她在振华女中上学时，参与的"平坦学社"活动。当时，她为章太炎先生的演讲做记录，却听不懂他的一言一话，只注意到了他塞在鼻子里的小纸卷儿。她把回忆写成了《记章太炎先生谈掌故》，调侃自己是"看章太炎先生谈掌故"。

在《临水人家》一文里，遭骗婚的比利时洋夫人，为了爱情，抛弃了所有，奔向了满嘴谎言的"皱面先生"，最终落得人老珠黄，女儿惨死。杨绛痛惜她，"我设想她父母看到花朵儿似的女儿，变成了一片干叶子，孤单单一人回家，不知该多么心痛"。

可是，父亲杨荫杭若看到自己的四女儿如此不爱惜身体，也该非常心痛吧？幸好，杨绛为钱锺书甘于付出，钱锺书也没辜负她。

在她的短篇小说《小阳春》里，结婚后的俞太太把一颗心全然放在了孩子和丈夫身上，从而失去了自我，但她不但不被丈夫理解，还遭到了丈夫的嫌弃和背叛。杨绛不愿做这样的女人。

纵然她把钱锺书看得比自己贵重，可她从未迷失自我。她得到了钱锺书情真意切的那句赞誉——"绝无仅有地结合了各不相容的三者：妻子、情人、朋友。"

作为"妻子、情人、朋友"的杨绛，从不让钱锺书失望。她为他抄录重新修改的《槐聚诗存》，抄错了便自责不已；整理钱锺书的手稿《石语》，于寂静的夜里，迎着灯光，将破碎的稿纸一张张比对、粘贴，生怕浪费了他的心血。

　　抗战时期在上海，生活艰难，从大小姐变成老妈子，杨绛却并不觉得委屈。问及缘由，她说："因为爱，出于对丈夫的爱。我爱丈夫，胜过自己。我了解钱锺书的价值，我愿为他研究著述志业的成功，为充分发挥他的潜力、创造力而牺牲自己。"

　　她付出的所有辛劳和牺牲，从未想过向钱锺书讨要回报。她总是默默地承担了一切。这一次钱锺书生病，好在有护工的帮助，才让她得以喘息片刻。可刚松了口气的她，却发现医院供给钱锺书的鼻饲食料中掺有他忌口的猪肝和豆粉，于是，她开始自行准备他的鼻饲食料。

　　起先有阿圆体恤她，省了她许多心力。后来阿圆病了，她只能一趟趟往菜市场跑，八十六岁的老人，再也不复年轻时的孤勇，手提不动，肩扛不住。遇到下雨天，她一脚一脚地踩在泥泞里，走两步，喘几下，想到钱锺书，又提起气，步履蹒跚着走进雨幕里。

　　她拖着年迈的身体，每日往返于三里河寓所和医院之间，一脚一脚地，走过了盛夏，赶走了寒冬，却在初春的嫩绿里，弄丢了最爱的心头宝。

　　她这辈子唯一一次骗他，便是对他隐瞒女儿的死讯。毕竟，人世间最痛苦的事，莫过于白发人送黑发人。她编织了各种各样的谎言，欺他，瞒他，直到他识破她的良苦用心。

　　得知女儿病逝后，钱锺书的病情也急剧恶化，但他从未恼她，怨她。他知道她良苦用心的背后，承载了她对他六十六年的深沉的爱。

　　可是，再深沉的爱，也抵挡不住病魔的侵蚀，留不住千疮百孔的病体，她比谁都懂："老人的前途是病和死。"

　　杨绛陪钱锺书一起在医院里度过了他的第八十八个生日，但在1998年12月19日的凌晨，在北京医院311室的病床上，钱锺书再也熬不住了，先她一步，"回家了"。

　　虽然，杨绛早已做好他离开的心理准备，她说："我曾做过一个小梦，怪他一声不响地忽然走了。他现在故意慢慢儿走，让我一程一程送，尽量多聚聚，把一个小梦拉成万里长梦。这我愿意。送一程，说一声再见，又能见到一面。

　　"离别拉得长，是增加痛苦还是减少痛苦呢？我算不清。但是我陪他走得愈远，愈怕从此不见。"

　　可是，生命行至终点，仿佛有一股魔力，拽紧了生与活的绳索，拼命地往下坠。她瘦弱的肩膀，再也托不住他死别的脚步，他们终归还是要"从此不见"。

　　其实一切早有预兆，钱锺书离开的前一晚，纵使很疲倦了，仍然强睁着眼睛嘱咐她："绛，好好里。"

　　弥留之际，他还在担心着她。他知道女儿是她的心头肉，自己是她的心头宝，他们却都要撇下她，留她一个人在这孤独的人世间飘零。他说"好好里",是无锡话里"好生过"的意思。他多想陪着她,一如结婚时的誓词,"执子之手,与子偕老",可是,他已经用尽了全力,实在无能为力了啊。

杨绛赶来的时候,他的一只眼似睁未闭,似乎在说她来晚了,又似乎还想再看她一眼。

她记不起自己有没有好好地告别,有没有好好地说一声"明天见"。她忍着巨大的悲恸,附在他耳边轻哄:"你放心,有我呐!"

他似是得了承诺般放了心,终于闭上了眼。

杨绛想起爸爸去世后,她和姐姐们商量"安徐堂"的去留。有句俗话说,父母在,家就在,父母去了,家就散了。

彼时,似应景那般,爸爸曾经亲手种下的二十棵桃树,被连根拔了;三棵芭蕉失踪了,露出光秃秃的山石;海棠、玉兰和紫薇等花树纠纠缠缠着,已辨认不出当年的模样……

那里不再是钱锺书印象中的"好巷坊"。《昆明舍馆作》里的"安徐堂"是"苦爱君家好巷坊,无多岁月已沧桑,绿槐恰在朱栏外,想发浓荫覆旧房"。

昔日有多繁盛,后来便有多荒芜。可是,它再萧索,再凋零,也无法抹去曾经在那里发生过的实实在在的幸福与温暖。那时的杨绛不愿意舍弃它,因为只要它还在,家便也还在。

　　而如今，两相对比，她丧失了美好的憧憬，她说："我们三人就此失散了。就这么轻易地失散了。'世间好物不坚牢，彩云易散琉璃脆'。现在，只剩下了我一人。"

　　从此，曾经那个温暖的家，变成了旅途上的客栈。

第十章

万家灯火只一人

01 芳华永存

锺书逃走了，我也想逃走，但是逃到哪里去呢？我压根儿不能逃，得留在人世间，打扫现场，尽我应尽的责任。

在病中，钱锺书曾嘱托杨绛，自己的身后事从简："遗体只要两三个亲友送送，不举行任何悼念仪式，恳辞花篮花圈，不保留骨灰。"

在对待身后事上，父女俩如出一辙。阿圆病逝，也曾留有遗言，遗体火化后不保留骨灰。但北师大感念她的孜孜不倦，恳请杨绛保留了一部分骨灰，葬在了校道旁她曾经走过无数遍、抚过无数遍的一棵雪松下。

阿圆尚且被人惦念，钱锺书作为国学大师，又岂能随心所欲地归于自然呢？

钱锺书调皮地说："那就要看我身后的人喽。"

作为他的身后人，杨绛当然懂他。曾经有人编造了一本"钱锺书生平事迹的'传稿'"，被他斥责为胡说八道，他痛心地对杨绛诉苦："我成了一块儿烂肉，苍蝇都可以在我身上撒蛆！"

钱锺书从来都不喜欢，也不屑于任何的形式主义。所以，杨绛力排众议，哪怕面对上级领导的大体之言，同僚的苦心劝说，她仍然挺着一副仿若"红木家具"般的瘦弱身体，坚持钱锺书对她的嘱托。

曾经，钱锺书对杨绛发愿，"从今以后，咱们只有死别，不再生离"；如今，临行时，他穿着她亲手为他织就的衣服，带着她的不舍，走进了灰烬中。

顶着巨大的悲痛，杨绛遵照他的遗愿，将他的骨灰抛洒到了皇天后土里，也如早已作古的父母一般，"从此和山岩树木一起，安静地随着地球运转"。

那天，拴在她脚下的月老红线，断了。

后来，她无数次祈愿，自己能变成一块石头，一块"望夫石"，屹立山头，永远守望着"已经看不见的小船"。

钱锺书虽然走了，但他永远活在杨绛的心里，也活在世人的崇拜与惋惜里。

时任法国总统希拉克发来唁函，言辞恳切地称："在钱锺书先生的身上体现了中华民族最美好的品质：聪明、优美、善良、坦诚和谦虚……其作品的法文译本，无论是短篇小说，长篇巨著《围城》，还是评论研究，都被我国广大的读者视为名著，受到他们的欢迎。"

时任英国文化大臣克里斯说："钱锺书是本世纪一位

杰出的知识分子和学者，他以广博深湛的学识，给西方学者留下深刻的印象……他的去世标志着中国文化的一大损失。"

法国《解放报》刊文称钱锺书的逝世预示着"一个时代的结束"。

柯灵也说："钱氏的两大精神支柱是渊博和睿智，二者互相渗透，互为羽翼，浑然一体，如影随形。他博极群书，古今中外，文史哲无所不窥，无所不精，睿智使他进得去，出得来，提得起，放得下，升堂入室，揽天下珍奇入我襟袍，神而化之，不蹈故常，绝傍前人，熔铸为卓然一家的'钱学'。"

清华学子纷纷手折千纸鹤，挂满校道两旁的树干，寄以悼念。

杨绛看了，忍不住落下泪来。她说："锺书逃走了，我也想逃走，但是逃到哪里去呢？我压根儿不能逃，得留在人世间，打扫现场，尽我应尽的责任。"

钱锺书一生阅书无数，记下的笔记厚实而珍贵。他在农村劳动期间，携带过一部厚厚的《韦氏英语大辞典》，全书好几千页，他从头到尾看了三遍，每页都写满了密密麻麻的蝇头小字。

阿圆病中时，拿给前来探望的同事陈教授看，说"爸爸对每个辞条都做了认真的审读和详尽的评注：修改、补充、更正，旁征博引，等于重新修订了这部辞书"。

陈教授大为激动，嘱咐阿圆务必要将它整理成册。但阿圆却感叹："可惜我自顾不暇。"

如此贵重的文化瑰宝，跟随着钱锺书，从国内到国外，从上海到北京，从一个宿舍到另一个宿舍，从铁箱、木箱，以至麻袋、枕头里进进出出，几经折磨，是钱锺书一生的心血。

阿圆没有时间去做的，杨绛接过手，将他留下的中外文笔记和读书心得一股脑搬出来，关上门，谢绝了所有的安慰与同情。

在空荡荡的三里河寓所里，她勾着身子，戴着老花眼镜，翻翻捡捡，拼拼整整，分出了三大类别。

耗费了一百七十八册笔记本的外文笔记，共有三万四千多页，除了极小部分是钱锺书用两个指头在打字机上打出来的，其他全部手写而成。笔记上还记有书目和重要的版本以及原文的页数。其中很多笔记因为年代久远，纸张破旧磨损严重，字迹也变得模糊不清。

而且钱锺书精通英、法、德、意、西和拉丁文，他的笔记也时常夹杂外文，杨绛校对起来颇为吃力。钱锺书的"死忠粉"莫芝宜佳不远万里而来，自告奋勇帮助杨绛梳理，单是目录就做了一百多页。

最费心的莫属钱锺书的中文笔记。他担心其中的某些文字被人曲解，便狠心将许多心血剪得七零八落。

杨绛后来想帮他补救，他却说："有些都没用了。"可是杨绛不这么认为。

钱锺书博学广闻，那些笔记他常常拿出来"温故而知新"，笔记里的内容早已印刻进了他的脑子里，但不是所有人都像钱锺书，世上也从来只有一个钱锺书。

杨绛知道钱锺书不喜欢世人把他的作品奉为经典学术而进行研究，也不喜欢旁人为他宣传推广。可是，杨绛也从未忘记他的志向："他志气不大，但愿竭毕生精力，做做学问。"

杨绛不希望钱锺书毕生的心血和努力，随着发黄的纸张，化为尘土。

她每每掀起一页薄脆的纸张，看到熟悉的字迹，熟悉的内容，便会想起从前。钱锺书每看到精彩处，便会捧起笔记本，一句句读给她听。

她忍不住鼻头发酸，眼眶发红，情不能自抑。可"现场"尚未打扫完毕，看着满屋的"狼藉"，她只好忍着疼，受着痛，将他记录的"容安馆""容安室""容安斋"等读书心得，归类了二十三册，共有两千多页，分成八百零二则。

杨绛希望将钱锺书一生孜孜矻矻积聚的知识，为有志读书求知者以及研究钱锺书学问和研究中外文化的人，妥善保存并公之于众，只愿"死者如生，生者无愧"。

除此之外，杨绛还捐出稿酬72万元，以及之后出版作品获得报酬的权利，设立"好读书奖学金"。这是钱锺书生前就有的愿望，他希望能够尽自己的绵薄之力，帮助家境贫寒却勤奋上进的优秀学子完成学业，达成梦想。只是，这个愿望还未来得及实施，他便被病魔拉进了深渊。但他从未忘记。在深渊里百般挣扎之际，他拉着杨绛的手，说："等以后有钱了，我们要捐助一个奖学金，不要用个人名字，就叫'好读书奖学金'。"

钱锺书一家三口都好读书，并且都和清华大学有缘。于钱锺书而言，清华大学两次向他伸出橄榄枝。一次是他回国求职之际，破格录取了他；一次是解放后，救他于水深火热之中。

对杨绛来说，清华大学更是为她打开了梦想的大道，让她能站在图书馆书库的书架前，任意翻阅，任意"串门儿"。

清华大学还为他们牵起了一段旷世情缘，一段相濡以沫的悠悠岁月，还给了他们一个视作骄傲的女儿。

而阿圆，清华大学对她来说，是最美的水木清华，是世界上最美的地方，是一生中最美好的童年记忆。

所以，将"好读书奖学金"设立在水木清华是最好不过的选择。当天的捐赠仪式上，杨绛说："这次是我一个人代表三个人说话，代表我自己、已经去世的钱锺书和女儿钱瑗……期望得奖学金的学生，永记'自强不息、厚德载物'的清华校训，起于自强不息，止于厚德载物，一生努力实践之。"

清华大学也没有让他们失望。清华大学校党委副书记史宗恺在颁奖仪式上曾说："我们都需要深思，应该以怎样的态度去做学问，守得住清贫，耐得住寂寞，来不得半点花哨。"清华大学享有钱锺书和杨绛赋予的权利，也同样回馈他们，有保护好他们作品著作权及其人身权利的义务。

"好读书奖学金"培育了一批又一批莘莘学子，其中很多学子手写书信，畅谈自己的成长和校园生活。常年闭门谢客的杨绛，看着年轻而又活力飞扬的文字，也忍不住将获奖的同学们请到家里做客。

学子们甫一踏进她的家门，无不吃惊于水泥地、白灰墙般的"陋室"，无不感叹她的从容与朴素，无不惊叹钱锺书批注的《韦氏英语大辞典》。

钱锺书逝世多年后，受赠的学子们用烛光、朗诵和提琴演奏，对他寄以深厚的思念与感恩。

02　翰墨情深

他那灵魂不灭的信念，对真、善、美、公正等道德观念的追求，给我以孤单单生活下去的勇气，我感到女儿和锺书并没有走远。

在一次采访中，杨绛说："1997年早春，1998年岁末，我女儿和丈夫先后去世，我很伤心，特意找一件需要我投入全部心神而忘掉自己的工作，逃避我的悲痛。因为悲痛是不能对抗的，只能逃避。"

剜肉、剔骨的痛，是任何惨烈的文字都难以精确形容的。每每午夜梦回，情到深处，只恨不得替阿圆而去，与钱锺书共同赴死。

可是，她答应过钱锺书，往后余生，哪怕一个人，也要"好好里"。杨绛翻遍了橱柜里的藏书，国内、国外的至圣先贤们，她都看了个遍，可都无法平息她内心的波澜，无法抚平她心头的伤痛，直到她无意间遇见了苏格拉底。

每一个失恋的人，都是位好诗人；每一个悲恸至极的人，都会爱上哲学。柏拉图的《斐多》和杨绛以往翻译的体裁大相径庭，它是一篇绝妙好辞，在动手翻译前她已经读过许多遍了。

苏格拉底英勇就义当日，仿若平常般与门徒讨论生死、灵魂、智慧、快乐，杨绛被他的从容不惧感动到了。

她说："他那灵魂不灭的信念，对真、善、美、公正等道德观念的追求，给我以孤单单生活下去的勇气，我感到女儿和锺书并没有走远。"

柏格森有句话一直萦绕在她心头："人在当时处境中，像旋涡中的一片落叶或枯草，身不由己。"她不由自主地想念，控制不住地陷入悲伤里。但在那一瞬间，她仿佛抓住了救命稻草，一头扎进了苏格拉底的信仰里，一层一层地找寻自己活着的信念。

虽然看不懂古希腊文，也从未研究过哲学，但这些都阻挡不了她对苏格拉底的热爱，她找来不同版本的译作，按照自己翻译的习惯，一句句死盯着英译本，力求通达流畅。她解释："苏格拉底和朋友们的谈论，该是随常的谈话，而不是哲学论文或哲学座谈会上的讲稿，所以我尽量避免哲学术语，努力把这篇盛称语言生动如戏剧的对话译成戏剧似的对话。"

她做自己喜欢的事情，力求做到极致。她发现所有的疑难句都是必须做注解的句子，于是贴心地加上注解，方便读者阅读。

如果真如苏格拉底所言，"一切事物，凡是有相反的一面，它一定就是从这相反的一面产生的，而且只能由这相反的一面产生"，那么，现在痛不欲生的情境，当是从之前的幸福快乐中产生的吧。一起爬过山，一起游过水，一起踏过青，一起吃过面，一起同过床，一起携手走过六十六个春秋与冬夏，没有辜负一句"我爱你"。

苏格拉底为了信仰而从容赴死，杨绛却因他的精神而得到救赎。汪曾祺说："逝去的从容逝去，重来的依旧重来，在沧桑的枝叶间，择取一朵明媚，簪进岁月肌里，许它疼痛又甜蜜。"

杨绛想起阿圆在病中时，得知自己有意要写一部关于他们三个人的回忆录，便央求自己把这番笔墨让给了她。阿圆仰卧在床上，回忆着小时候的趣事，艰难地写了十二篇目录，却在写完第五篇后，筋疲力尽，再也拿不起笔了。

回忆是一种痛，但是记忆里的人和事却是欢喜和温暖的，偶尔还有当时境况里未曾注意到的微不足道的事，如今想起，却也是一种令人欢欣的惊喜。

她捡起阿圆的草稿，稿纸上记载的事迹历历在目。她一会儿回到了圆圆刚出生的牛津医院，护士们因为圆圆哭声嘹亮，都打趣地称圆圆是"Miss Sing High"——星海小姐……

一会儿又回到了上海辣斐德路609号的房子里，看到钱锺书用墨笔在圆圆的脸上画胡子，在圆圆的肚子上画鬼脸，惹得圆圆大笑连连……

一会儿又随着圆圆的笔调，回到了水木清华，想起了圆圆唯一一次犯浑，她和钱锺书合起伙来"惩治"圆圆……

一会儿又想起结婚后，第一次到婆家去做媳妇。无锡七尺场的钱家是旧式人家，新妇进门，必须从旧俗，行旧礼，向钱锺书的父母行跪拜礼，向已故的伯父伯母叩头跪拜……那一天跪来拜去，数不清磕了多少头，还不敢告诉爸爸，怕他替女儿委屈……

再一会儿联想起从干校回到北京的那年早春，钱锺书生平第一次划火柴点煤气罐，只为了给她做一顿美味的猪油年糕……

又一会儿记起解放前夕的春天，她和钱锺书"撇下"幼小的圆圆，跑到杭州，观赏秀丽的西湖美景、樱花盛放的玉皇山、香火旺盛的岳王祠以及为纪念孙中山先生而建的中山公园……他们携手共游，仿佛新婚蜜月的小情侣。

回忆牵出许多的泪，她说："三里河寓所，曾是我的家，因为有我们仨。我们仨失散了，家就没有了。""剩下的这个我，再也找不到他们了。我只能把我们一同生活的岁月，重温一遍，和他们再聚聚。"

于是，从"我们俩老了"到"我们仨失散了"，再到"我一个人思念我们仨"。在她的笔下，在她的回忆里，他们一次次重逢，一次次相守，仿佛一个万里长梦，一程又一程，思念着，治愈着。

《我们仨》以缱绻温润的笔调，虚实相生的写法，再现了钱锺书、杨绛和阿圆三人的朴素、单纯而又"不寻常的遇合"。2003年甫一面世，便感动了无数人，世人无不羡慕他们，无不为他们惋惜落泪。

有人说，《围城》让人丧失了对婚姻的憧憬，《我们仨》又再次让人相信，美好的爱情依然存在，两个人互相理解、包容，婚姻也能相濡以沫。

多少人在无奈的人生里，将就一生。杨绛却告诉世人，只要用心，柴米油盐的婚姻里，处处都是诗与远方。

可在外人看来，终日闭门谢客的杨绛是孤独的，是伤痕累累的。许多人带着关心前来宽慰，老朋友费孝通也在其列。

费孝通拖着年迈的双腿，蹒跚着爬上二楼，偶尔送盆花，偶尔带着著作请她"指正"，来往密切时，竟忍不住撰文说杨绛是他的第一个女朋友。

人世间，最美不过初恋。费孝通至年老，仍将杨绛视为心中的白月光；而杨绛却在行将就木时，心心念念的仍然是在古月堂前一眼万年的钱锺书。

所以，她的拒绝一如当初那般果决："楼梯不好走，你以后莫要'知难而上'了。"

有人说，已经年老，杨绛对费孝通的拒绝太过于刻薄。但是，爱情不是年少才情深。对杨绛而言，哪怕钱锺书早已化作尘土，与他的爱情，仍是藏在心中珍而重之的宝。

所以，外面的风花雪月再美妙，"陪伴是最长情的告白"再令人感动，都不及她与他曾经拥有过的柴米油盐岁月。

03　人生归处

我没有"登泰山而小天下"之感，只在自己的小天地里过平静的生活。细想至此，我心静如水，我该平和地迎接每一天，准备回家。

2003年，读者们还沉浸在杨绛所描述的《我们仨》的世界里无法自拔，殊不知，杨绛却在为窗前被大柳树霸占了阳光雨露的病柏忧心，为筑巢在病柏枝头的一双喜鹊挑拣树枝。

眼看着鹊巢起，眼看着稀疏的枝丫抵挡不住呼啸的狂风暴雨，被掀翻在地，两只鹊鸟大叫着逃命去了，杨绛内心有些怅然。

风停了，雨歇了，杨绛许久没再见到两只鹊鸟的身影，只以为是一次偶然的相遇，却没想到，某日推开窗，无意间发现它们现身在对面楼旁的一棵胡桃树顶。

刻意，让偶遇变得平常。次年早春，它们又从胡桃树顶搬到了病柏的枝丫间。它们左右搬迁的举动，像极了从前居无定所的杨绛和钱锺书。

她忍不住以笔墨记录，一次次地推开窗，看它们筑巢，看它们相濡以沫，看它们抱蛋，为它们孵出雏鸟而欢欣，为不能帮它们遮风挡雨而自责，为雏鸟没能对抗住疾风骤雨而心伤。

它们张望徘徊的样子，像极了杨绛思念阿圆的模样。杨绛在《记比邻双鹊》的结尾处写道："这个坚固的大巢，拆得很慢，我却不耐烦多管它们的闲事了。"

或许不是不耐烦，只是害怕想起别离时那撕心裂肺的疼痛。可她仍是忍不住望向窗外，她记得详尽："五月五日，旧巢拆尽。一夕风雨，旧巢洗得无影无踪。五月六日，窗前鹊巢已了无痕迹。过去的悲欢、希望、忧伤，恍如一梦，都成过去了。"

钱红丽在《我买菜去了》一书中说："生命如许经年，来来回回风风雨雨里，到底还是平凡生活最留得住人。"相反，最留不住人的，是病痛和孤独。

两只鹊鸟在捣毁了大巢后无影无踪了，杨绛也在失去后的孤独里病倒了。

2005年，她九十四岁了。躺在病床上，想到生，想到死，却想不到何时是终点。

她见过的死状不多，能够记起的，一如上海沦陷时期，躺在雪地里的叫花子，盖着一张破席子，并着一双脚朝天竖着，这是濒死之状；等到两脚呈"八"字般分向左右倒下了，便是死去了。

又如蜷曲在土地庙里全身僵硬的死人，分不清是饿死的还是冻死的。

阿圆和钱锺书则是病亡的。可是，不管死去的方式如何，终点大抵只有一个——"回家"。

夜深宁静的时候，她望着浅淡的星子，预演自己"回家"的境况。她在层层叠叠的脚印里，找寻父母曾留下过的印记。怕父母认不出她这副衰老的面庞，尤其是母亲，她们最后一次相见，她才二十四岁，还是一副娇嫩青春的面孔，她纠结着自己该穿什么"衣服"与他们相认。

她自诩十五六岁是自己生平最好看的时候，"我愿意穿我最美的'衣服'上天堂，就是带着我十五六岁的形态面貌上天。爸爸妈妈当然喜欢，可是锺书、圆圆都不会认得我，都不肯认我。锺书决不敢把这个清秀的小姑娘当作老伴；圆圆也只会把我看作她的孙女儿"。

1月6日，清晨的光亮得刺眼，打断了她的臆想，她从医院的前门走出来，上了车，回家了。临走时，她看了眼后门，那条"回家"的路，大门紧闭，透不进一丝光亮来。

她说："老天爷是慈悲的。但是我没有洗练干净之前，带着一身尘浊世界的垢污，不好'回家'……我没有'登泰山而小天下'之感，只在自己的小天地里过平静的生活。细想至此，我心静如水，我该平和地迎接每一天，准备回家。"

既然已能坦然面对死亡，那么活着又何足为惧呢？她一贯是勇敢的、坚韧的，小小的身体里，蕴藏着无穷的能量。

2003年，杨绛看到林一安的《堂吉诃德及其坐骑译名小义》和《莫把错译当经典》两篇撰文，批评她的翻译名称"驽骍难得"抄袭了他们协力译出的名字，并指出杨绛的译法多处错误，是"名家译作的失误乃至败笔"。

2005年，在世界文学名著《堂吉诃德》问世四百周年之际，另一位译者董燕生在媒体面前说杨绛翻译的《堂吉诃德》不仅多处译法有误——例如"胸上长毛""法拉欧内""阿西利亚"等，还擅自删去了至少十一万字的内容，他扬言要将杨绛的译本当作翻译界的反面教材，避免此种错误再次出现。

此两人言论一出，九十四岁的杨绛被推到了风口浪尖。面对指责和质疑，众说纷纭。有力挺她的，也有借机拉"踩"她的。但是再没有人站出来将她护在身后，牵着她的手，给她力量，给她满满的安全感。

孤零零地，她再次为自己裹上铠甲，握起钢枪，她一遍遍翻找资料，一字字对照"求教"，一句句自证清白。

对于"口诛笔伐者"，她说："涉及学术问题，我怎么翻译，自有我的道理……我的西班牙文是自习的，没有老师指导，故在翻译中唯以勤查字典和细读原文本的注解为要。"

对于"不畏前辈权威者"，她淡然回应："董先生说我'太自信，该查字典的地方不去查字典'，这是董先生误解了我。我有一本1966年出版的《简明西汉词典》，全书只薄薄375页，董先生提的那两个字，词典里没有。那时出版社还没有统一的人名、地名，译者都按自己的读音译音。"

在董燕生的言论被翻译界痛斥为歪风邪气时，杨绛又不厌其烦地解释："'点烦'云云，是我大胆尝试，这是一道艰巨的工序，一下子'点'掉十来万字，我自己也很吃惊。董先生的误解是完全合理的……匆匆解释几句，希望化'误解'为'了解'。"

杨绛以豁达的声明，解救了自己，也为董燕生解了围，让甚嚣尘上的一场笔诛墨伐止于风平浪静。但她的人生久久不能平静。

媒体将她视为新闻素材，不顾她的意愿，频频登门造访；好事者屡屡搜出她和赵萝蕤各个时期的照片对比，证明赵萝蕤才是《围城》里唐晓芙的原型，以此笑话她书中的

"我们俩"只是她的一厢情愿；连过去的个别友人都要翻出她的私密信件曝光在大众面前，让人们对着一个龃龉独行的老人评头论足。

难怪杨绛会说："人世间留下一个空名，让不相知、不相识的人信口品评，说长道短，有什么意思呢？"

2016年5月25日凌晨，杨绛躺在病床上，迷蒙间，她看到医院的后门缓缓地打开了。

船来了，海上的航灯亮了，爸爸、妈妈和阿圆、锺书，踏着艄公的吆喝声朝她招手："阿季，回家了。"

在生命走到第一百零六个暮春的时候，她终于厌倦了尘世的纷纷扰扰。

她是淤泥里盛放的青莲，是黑夜里温暖的烛光，是人间中最曼妙的风景。

杨绛在一百岁时曾有感而言："树上的叶子，叶叶不同。花开花落，草木枯荣，日日不同。我坐下细细寻思，我每天的生活，也没有一天完全相同，总有出人意外的事发生。我每天从床上起来，就想：'今天不知又会发生什么意外的事？'即使没有大的意外，我也能从日常的生活中得到新体会。

"八段锦早课，感受舒筋活络的愉悦；翻阅报刊看电视，得到新见闻；体会练字抄诗的些微进步，旧书重读的心得，特别是对思想的修炼。要求自己待人更宽容些，对人更了解些，相处更融洽些，这方面总有新体会。因此，我的每一天都是特殊的，都有新鲜感受和感觉。"

在生命的尽头，杨绛感慨道："我却觉得我这一生并不空虚，我活得很充实，也很有意思，因为有我们仨。也可以说，我们仨都没有虚度此生，因为是我们仨。"

人这一生，何其漫长，又何其短暂！不负光阴不负君，最重要的是在到达人生的终点时，能够自答一句：我这一生，不曾辜负过自己。如此，便足矣。